앤디 그리피스 글, 테리 덴톤 그림 | 장혜란 옮김

시공주니어

나무 집 FUN BOOK 3

초판 제1쇄 발행일 2019년 10월 20일
초판 제7쇄 발행일 2022년 5월 5일
글 앤디 그리피스 그림 테리 덴톤 옮김 장혜란
발행인 윤호권
발행처 (주)시공사 주소 서울시 성동구 상원1길 22, 6-8층 (우편번호 04779)
대표전화 02-3486-6877 팩스(주문) 02-585-1247
홈페이지 www.sigongsa.com / www.sigongjunior.com

THE TREEHOUSE FUN BOOK 3
Text copyright ⓒ Backyard Stories Pty. Ltd., 2019
Illustrations copyright ⓒ Terry Denton, 2019
All rights reserved.
Korean translation copyright ⓒ 2019 by Sigongsa Co., Ltd.
Korean translation rights arranged with Curtis Brown Group Limited
through EYA(Eric Yang Agency).

이 책의 한국어판 저작권은 에릭양 에이전시를 통해 저작권자와 독점 계약한
(주)시공사에 있습니다. 저작권법에 의해 한국 내에서 보호받는 저작물이므로
무단 전재와 무단 복제를 금합니다.

ISBN 978-89-527-8994-5 74840
ISBN 978-89-527-6484-3 (세트)

*시공사는 시공간을 넘는 무한한 콘텐츠 세상을 만듭니다.
*시공사는 더 나은 내일을 함께 만들 여러분의 소중한 의견을 기다립니다.
*잘못 만들어진 책은 구입하신 곳에서 바꾸어 드립니다.

나도 토끼야. 난 풍선을 좋아해.

안녕, 나는 테리. 난 앤디랑 같이 나무 집에 살아. 우리는 나무 집에서 함께 책을 만들어. 나는 그림을 그리고 앤디는 글을 쓰지.

연필 →

테리 →

나무 집에 올라가요!

저 아래에 있는 탈것 중 하나를 고른 다음, 그걸 타고 나무 집에 올라가는 널 그려 봐.

로켓

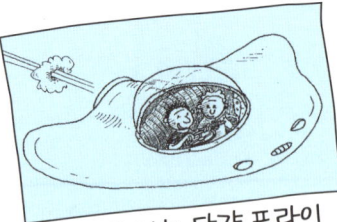
하늘을 나는 달걀 프라이 자동차

제트 분사기가 달린 회전의자
(줄여서, 제트 의자)

나무 집에서 놀아요!

나무 집에는 놀 거리들이 엄청 많아. 1부터 13까지 놀고 싶은 순서대로 빈칸에 숫자를 적어 봐.

□ 자동차 세차하기

□ 둥둥 떠다니기

□ 접시돌리기

□ 뭐든지 함성하기

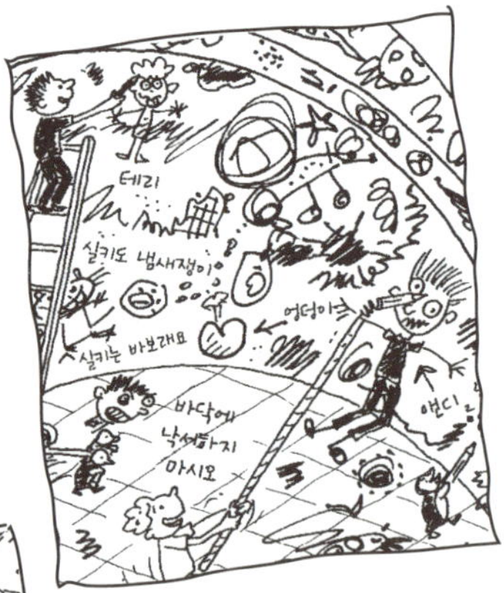

□ 낙서하기

□ 공으로 경기하기

TV 보기

내가 좋아할 것 같은
TV 프로그램을 생각해서,
한번 그려 볼래?

작은 새의 퍼덕퍼덕 쇼?

네모의
안녕하네모 쇼?

이집트코브라의
꼬불꼬불 쇼?

난 원숭이가 아니야!!

촬영장에서는 조용히 해!

너한테 우편물이 왔다.

왈왈

152쪽에는 정답이 있으려나.

밑줄 채우기! 1탄!

밑줄을 채워 볼래?
각각의 정답은 나무 집과
관련이 있어.

몇 층 나무 집에 있을까?
밑줄에는 뭐가 들어갈까?
물고기 세 마리의 집이야.
바로 식인 상어 ___ ___.

뱅글뱅글 돌다가
넋이 나가고 싶지 않다면,
___ ___ ___ ___ ___에서
멀리 떨어지는 게 좋을 거야.

이곳의 담당자는
늘 엉뚱한 짓만 해.
게다가 그의 복제 인간들 때문에
━ ━ ━ ━ 은 정신이 하나도 없지.

죽음을 무릅쓰고서라도 들어가겠다고?
비상구도 없고,
그 누구도 밖으로 나오지 못한 이곳은
━ ━의 미로.

다른 사람 찾기! 1탄!

아래에 있는 멍청씨 교수 중에 조금 다른 한 명이 숨어 있어. 그 한 명을 찾아서 번호에 동그라미를 그리면 돼. 어때, 쉽지?

1

2

3

4

5

6

154쪽 정답도 뭔가 다를걸?

나무 집 퀴즈! 참과 거짓

참일까, 거짓일까? 빈칸에 ☑ 표시를 해 봐. 〈나무 집〉의 팬이라면 식은 죽 먹기지.

정답이 155쪽에 있대. 참이야!

참 거짓

1. 앤디는 실키를 노랗게 칠해 '고나리아'로 만들었다.
2. 나무머리 선장은 고무 머리다.
3. 테리는 정말 끝내주는 그림 작가다.
4. 앤디 역시 정말 끝내주는 그림 작가다.
5. 멍청씨 교수는 발명가다.
6. 테리는 마법 콩에 알레르기가 있다.
7. 원승희는 원숭이다.
8. 앤디는 수학을 잘한다.
9. 테리와 앤디의 나무 집에는 무인도가 있다.
10. 출판사 사장 큰코 씨는 오페라를 좋아한다.
11. 채소 질색은 채소와 맞서 싸우는 복수주의자다.
12. 질은 외계인들을 가르치는 조기 교육 센터를 운영하고 있다.
13. 테리는 숟가락연필을 발명했다.

노래 가사를 만들어요!

아래 밑줄에다 어울리는 노래 가사를 써 볼래?

장미는 빨강.
제비꽃은 보라.
단서가 필요해?
__ __ __가 필요해.

장미는 빨강.
제비꽃은 보라.
아기 공룡 돌봐?
아기 공룡 __ __ __ 가 봐.

장미는 ___ ___.
제비꽃은 보라.
새로운 헤어스타일을 원한다면,
질의 애완동물 ___ ___ ___로 오라.

장미는 빨강.
제비꽃은 ___ ___.
점들을 쭉 이어 보자.
1 다음은 ___.

가로 그림 퍼즐

 각 그림의 단어를 떠올리고, 번호에 해당하는 순번의 글자를 오른쪽에 적으면 돼. 예를 들어, 첫 줄의 첫 번째 그림은 '앤디'니까 1번 글자 '앤'을 오른쪽 칸에 적고, 두 번째 그림은 '비디오폰'이니까 2번 글자 '디'를 적고, 세 번째 그림은 '치즈랜드'니까 3번 글자 '랜'을 적는 거지. 이렇게 하면 각 줄마다 단어가 완성될 거야.

1 2 3 4

1	2	3	4
앤	디	랜	

나무 집 숫자 퀴즈

아래 문제들의 정답은 전부 '숫자'야. 몇 문제나 맞힐 수 있을까?

1. 앤디와 테리는 나무 집을 몇 층씩 더 올려 지을까?

2. 나무 집에는 현명한 부엉이가 몇 마리 살고 있을까?

3. 《91층 나무 집》에서 앤디와 테리가 돌본 큰코 씨의 손주는 몇 명일까?

4. 《26층 나무 집》에서 노랫말에 나오는 운 나쁜 꼬마 해적은 몇 명일까?

5. 나무 집에 사는 식인 상어는 모두 몇 마리일까?

6. 에드워드 막퍼쥐의 아이스크림 가게에는 몇 가지 맛 아이스크림이 있을까?

7. 《52층 나무 집》에서 엄청 배고픈 애벌레는 주름투성이 토마토를 몇 개 먹었을까?

8. 《52층 나무 집》에서 닌자 달팽이들이 큰코 씨의 사무실까지 가는 데 걸린 시간은?

9. 《13층 나무 집》에서 거대 고릴라를 공격한 하늘을 나는 고양이는 모두 몇 마리일까?

10. '접시돌리기 방'에서 돌릴 수 있는 접시의 개수는?

11. 펀치왕 코끼리 아저씨의 펀치를 몇 대 맞으면 상대가 KO패 할까?

12. 앤디를 만나기 전 테리에게는 몇 명의 친구가 있었을까?

13. 《39층 나무 집》에서 앤디와 테리가 로켓을 발사하기 전에 카운트다운한 숫자는 모두 몇 개일까?

안나니아 색칠하기

와, 멋지다!
'안나니아'를
맘껏 색칠해 봐!

커다란 버튼을 눌러요!

왕관 그리기

에드워드를 도와줘!

에드워드 막퍼줘가 팔 네 개를 잃어버렸대.
네가 팔과 국자 손을 그려 줄래?
(그 국자 안에 네가 좋아하는 맛
아이스크림도 꼭 그리고.)

숨겨진 문장을 찾아라! 1탄!

〈제시 단어〉들을 가로세로, 대각선으로 찾아봐. 남는 글자들로 《외층 나무 집》과 관련된 문장을 만들면 돼.

〈제시 단어〉

멍청씨교수
테리
무인도
쥐덫
낙서방
질
젖소우드
막대사탕
무지개
사자와마녀와옷장
트로피방
오페라
실키

거대바나나
인어아가씨
앤디
멍멍이의왈왈쇼
아이스스케이트장
엑스레이방
안나니아
수정구
램프의요정
요술램프
경사로
죽음의미로

는	키	멍	멍	이	의	왈	왈	쇼	램
질	사	실	청	아	요	술	램	프	개
인	어	아	가	씨	라	알	의	지	뭐
드	우	소	젖	페	교	요	무	아	든
방	서	낙	오	구	정	수	다	인	덫
장	옷	와	녀	마	와	자	사	쥐	도
탕	여	안	알	지	방	이	레	스	엑
사	나	나	바	대	거	피	리	테	다
대	디	니	죽	음	의	미	로	사	경
막	앤	아	이	스	스	케	이	트	장

정답 _____

당연히 난 이 문제 정답도 알고 있다. 159쪽에서 알려 주마!

밑줄 채우기! 2탄!

 아래 밑줄을 채울 수 있겠어? 정답은 《위층 나무 집》에 나오는 사람이나 장소, 물건 들이야.

1. ＿＿＿＿＿ 샌드위치 가게

2. ＿＿＿＿ ＿＿＿ 버튼

3. 뭘 찾게 될지 모르는 쓰레기 ＿＿

4. 작고 귀여운 얼굴이 있는 ＿＿＿＿

5. 우체부 ＿＿ 아저씨

6. 다알아 여사가 들여다보는 ＿＿＿

7. 모든 나무에 붙인 __ __ 포스터

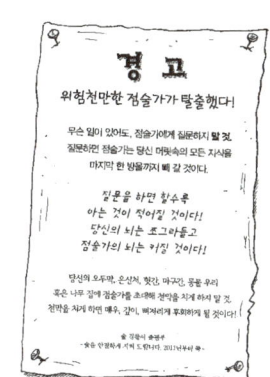

8. 점술가 __ __ __ __ __ __

9. 세상에서 가장 강력한 __ __ __ __ __ 월풀 방

10. 비상 탈출용 구멍 __ __

11. 앨리스, 앨버트, 그리고 __ __

12. 출판사 사장 __ __ 씨

단어 설명 맞히기

아래 단어들의 설명으로 맞는 것에 ☑ 표시를 해 봐.

코끼리 아저씨

- ☐ 테리의 발명품 중 하나
- ☐ 펀치왕
- ☐ 미래의 최첨단 나무 집
- ☐ 코끼리 로봇

채소 질색

- ☐ 채소를 먹는 사람
- ☐ 질색하는 음식을 먹는 사람
- ☐ 알레르기 있는 음식을 먹는 사람
- ☐ 복수를 위해 채소를 먹는 사람

파라오

- [ ] 요정의 일종
- [ ] 새의 일종
- [ ] 고대 이집트의 왕
- [ ] 뭐든지 파는 사람

자서전

- [ ] 이야기 뚝딱 기계가 쓴 책
- [ ] 자기 인생 이야기를 자기가 직접 쓴 책
- [ ] 내가 (그러니까 앤디가) 쓴 어떤 책
- [ ] 자전거에 관한 책

160쪽에도 그거랑 똑같은 게 있던데.

나무 집 스도쿠

 오른쪽 빈칸에 앤디, 테리, 나, 그리고 실키를 겹치지 않게 그려서 스도쿠를 완성하면 돼. 내가 자세한 방법을 알려 줄게.

스도쿠 방법

각각의 그림은 각 가로줄과 세로줄에 한 번씩만 들어가야 해. 오른쪽 예시를 보면 바로 알겠지?

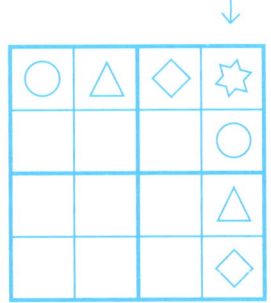

또한 각각의 그림은 네 칸의 작은 사각형 안에 한 번씩만 들어가야 하지. 굵은 선을 기준으로 파랗게 칠해진 네 칸의 작은 사각형이 보이지?

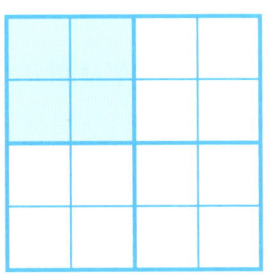

오른쪽처럼 각 그림이 겹치지 않게 그려 넣으면 돼.

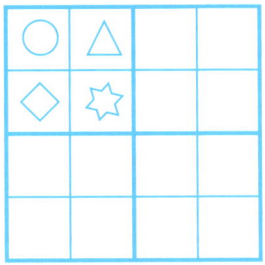

줄 맞춰서 가시오.

세로로 내려가시오.

칸이 거의 채워진 줄이나, 네 칸의 작은 사각형에 누가 없는지를 찾아보면 훨씬 쉽게 풀 수 있어.

그래도 모르겠으면, 161쪽으로 가시오.

실감 나는 효과음 스도쿠

아래 빈칸에 효과음 '얍! 펑! 뽕! 뻥!'을 겹치지 않게 넣어서 스도쿠를 완성해 봐.

		얍!	
펑!		뽕!	
	펑!	뻥!	
얍!	뻥!		뽕!

꽥꽥! 162쪽! 꽥꽥!

테리 그림 스도쿠

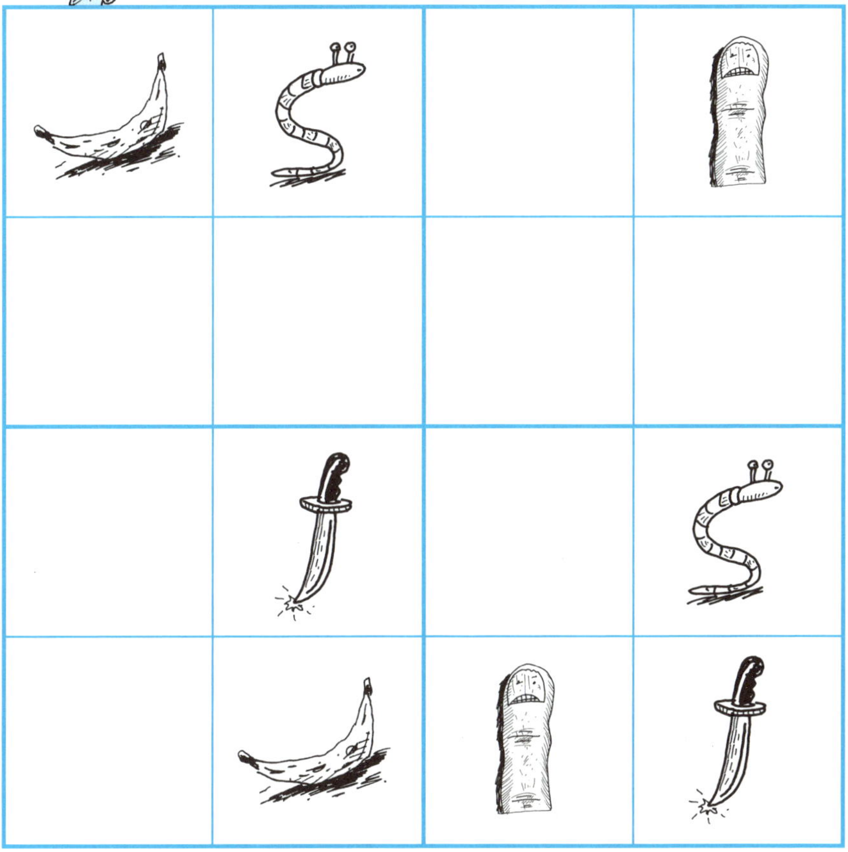

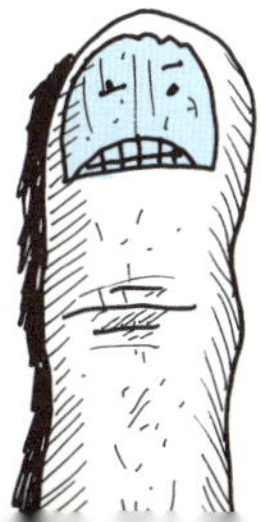

연기로 신호를 만들어요!

 연기로 신호를 만드는 건 꽤나 재밌어.

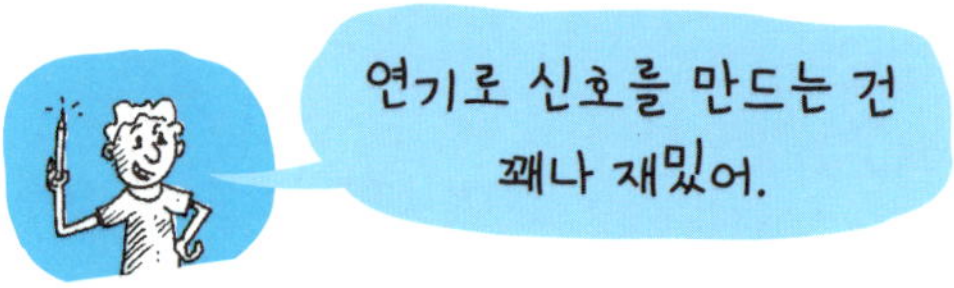

 하지만 내 말을 곧이곧대로 믿지 말고, 네가 직접 신호를 만들어 봐. 뭐든지 만들고 싶은 걸 그려도 좋고, 아래 친구들이 말한 걸 그려도 좋아.

나비들은 정말 멋져. 자, 뭘 그려야 할지 알겠지?

거미를 그려.

새를 그려.

고양이는 어때?

말을 같이 그려도 좋을 텐데.

우리도 그려 줘!

소원을 말해요!

내가 요술 램프를 문질렀어.
어떤 램프의 요정이 나올까?
네가 그려 줄래?

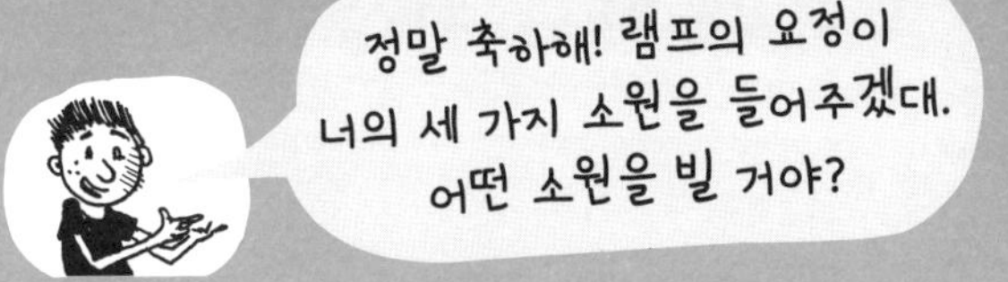

정말 축하해! 램프의 요정이 너의 세 가지 소원을 들어주겠대. 어떤 소원을 빌 거야?

내 소원은 _____

내 소원은 _____

내 소원은 _____

오페라 가사 완성하기

콘코 씨가 부르는 오페라를 가사대로 따라갈 수 있겠어? 맨 위쪽, 가운데에 있는 '오'부터 시작해서 위, 아래, 앞, 뒤로 움직이면 돼. 단, 대각선으로는 움직일 수 없어. 내가 먼저 몇 글자 도와줄게.

오, 나의 커다란 코여! 가까이 다가가면 갈수록,

 오, 나의 커다란 코여!
가까이 다가가면 갈수록,
커지고 또 커진다네.
그러다가 뻥! 펑!
폭발하고 만다네!

가	여	코	란	오	커	란	그	다
지	나	여	다	나	의	다	가	러
이	수	가	커	의	룩	커	지	고
더	네	까	히	지	수	록	또	또
만	다	이	다	날	갈	만	진	커
고	뻥	펑	가	가	면	발	다	네
하	발	면	가	만	러	그	네	그
고	폭	펑	뻥	가	다	폭	가	다

노래 좀 듣게
조용히 해 줄래?
너희는 164쪽으로
가서 불러.

트랄랄라아아아!

그림자 맞히기

한가운데에 있는 나와 똑같이 생긴
그림자는 몇 번일까?
그 번호에 동그라미를 그리면 돼.

1

2

3

4

165쪽에 먼저 가서
정답을 보면 안 돼.

한가운데에 있는 앤디와 똑같이 생긴 그림자는 몇 번일까? 이번에도 그 번호에 동그라미를 그리면 돼.

1

2

3

4

165쪽으로 가고 있는 건 아니지?

정말정말 알고 싶어요!

아래는 다알아 여사가 부른 '난 모든 걸 알고 싶어'란 노래 가사야. 다알아 여사가 정말정말 알고 싶어 하는 것들이지.

색깔은 누가 만들었는지,
각자의 이름은 누가 주었는지.
대체 거미는 누가 만들었을까?
대체 누구를 탓해야 할까?

꽃은 왜 피어나는지,
강물은 왜 흘러가고 콧물은 왜 흐르는지,
무지개는 어디로 사라지는지.
정말, 정말 알고 싶다네!

이 세상 모든 말을 알고 싶다네.
그 말의 의미도 전부 알고 싶다네.
피라미드는 어떻게 만들었는지,
피사의 사탑은 왜 기우는지도
알고 싶다네.

네가 정말정말 알고 싶은 걸 아래 밑줄에 적어 봐. 테리와 내가 알고 싶은 걸 먼저 적어 봤는데, 어때? 너도 알고 싶지?

정말정말 알고 싶어요!

1. 세상에서 가장 큰 숫자는?
   _____
   _____

2. _____
   _____

3. _____
   _____

4. _____
   _____

5. _____
   _____

트로피를 만들어요! 1탄!

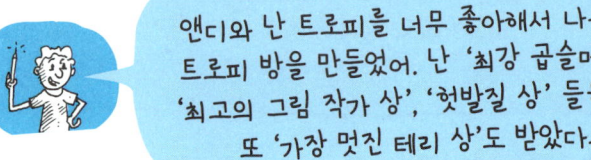

앤디와 난 트로피를 너무 좋아해서 나무 집에 트로피 방을 만들었어. 난 '최강 곱슬머리 상', '최고의 그림 작가 상', '헛발질 상' 들을 받았어. 또 '가장 멋진 테리 상'도 받았다고!

너도 네가 받고 싶은 트로피를 한번 만들어 볼래? 네가 제일 잘하는, 예를 들어 '아침밥 잘 먹는 상'도 좋고, '잠꾸러기 상'이나 '뽑기왕 상', 아니면 '그냥 나라서 주는 상'은 어때?

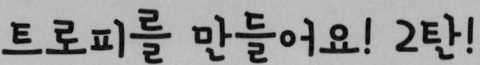

넌 네 반려동물한테 어떤 트로피를 만들어 줄래? '정말 귀여운 상'? '늘 배고픈 상'? 아니면 '가장 시끄러운 상'? 반려동물이 없다면, 네가 제일 좋아하는 동물한테 줄 트로피를 만들면 돼.

트로피 맨 꼭대기에 상 주인을 그리면, 진짜 멋지겠다!

다른 사람 찾기! 2탄!

아래에 있는 뽁뽁이 감독관 중에 조금 다른 한 명이 숨어 있어. 그 한 명을 찾아서 번호에 동그라미를 그리면 돼. 뽁뽁이 감독관이 조심조심, 안전하게 그리래!

1

2

3

4

5

6

166쪽에 정답이 있대.

'정답'이 뭔데?

다른 사람 찾기! 3탄!

이젠 감 잡았지? 아래에 있는 감자 왕자 중에 조금 다른 감자가 숨어 있어. 그 감자를 찾아서 번호에 동그라미를 그리면 돼.

1

2

3

4

5

6

정답은 167쪽에 있지만, 거긴 채소들만 갈 수 있는 곳이야. 네가 채소가 아니라면 얼씬도 마.

알파벳을 공부해요! 1탄!

다음 알파벳으로 시작하는 영단어를 적어 볼래? 글과 그림에 힌트가 있어!

알파벳 A는 나야, 나. 앤디.

알파벳 B는 생일 카드 도둑의 '생일.'

알파벳 C는 치즈랜드.

알파벳 D는 공룡.

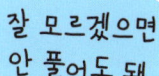

알파벳 E는 아직 부화하지 않은 커다란 '알(달걀).'

알파벳 F는 개구리.

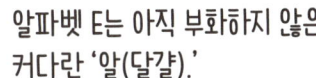

알파벳 G는 고릴라.

알파벳 H는 손.

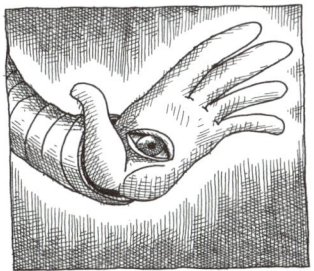

알파벳 M은 왕대박 감독의 '메가폰.'

알파벳 N은 큰코 씨의 '코.'

알파벳 O는 현명한 '부엉이.'

알파벳 P는 감자 왕자.

알파벳 Q는 어려운 '문제.'

알파벳 R은 토끼.

알파벳 S는 슈퍼 손가락.

알파벳 T는 테리.

알파벳 U는 비상 탈줄용 구멍 '팬티.'

알파벳 V는 채소 질색이 질색하는 '채소.'

알파벳 W는 달콤한 초콜릿 '폭포.'

알파벳 X는 엑스레이.

알파벳을 공부해요! 2탄!

 알파벳으로 너를 소개해 보면 어때? 다음 장에 너와 관련 있는 영단어들을 적고, 그림도 그려 보자.

네 얼굴
(그림이나 사진)

이곳에
나와 관련 있는 것들을
각 알파벳으로 시작하는 영단어로
적어 넣었습니다.

나는 _____ 입니다.

네 이름

알파벳 E는

알파벳 F는

알파벳 G는

알파벳 H는

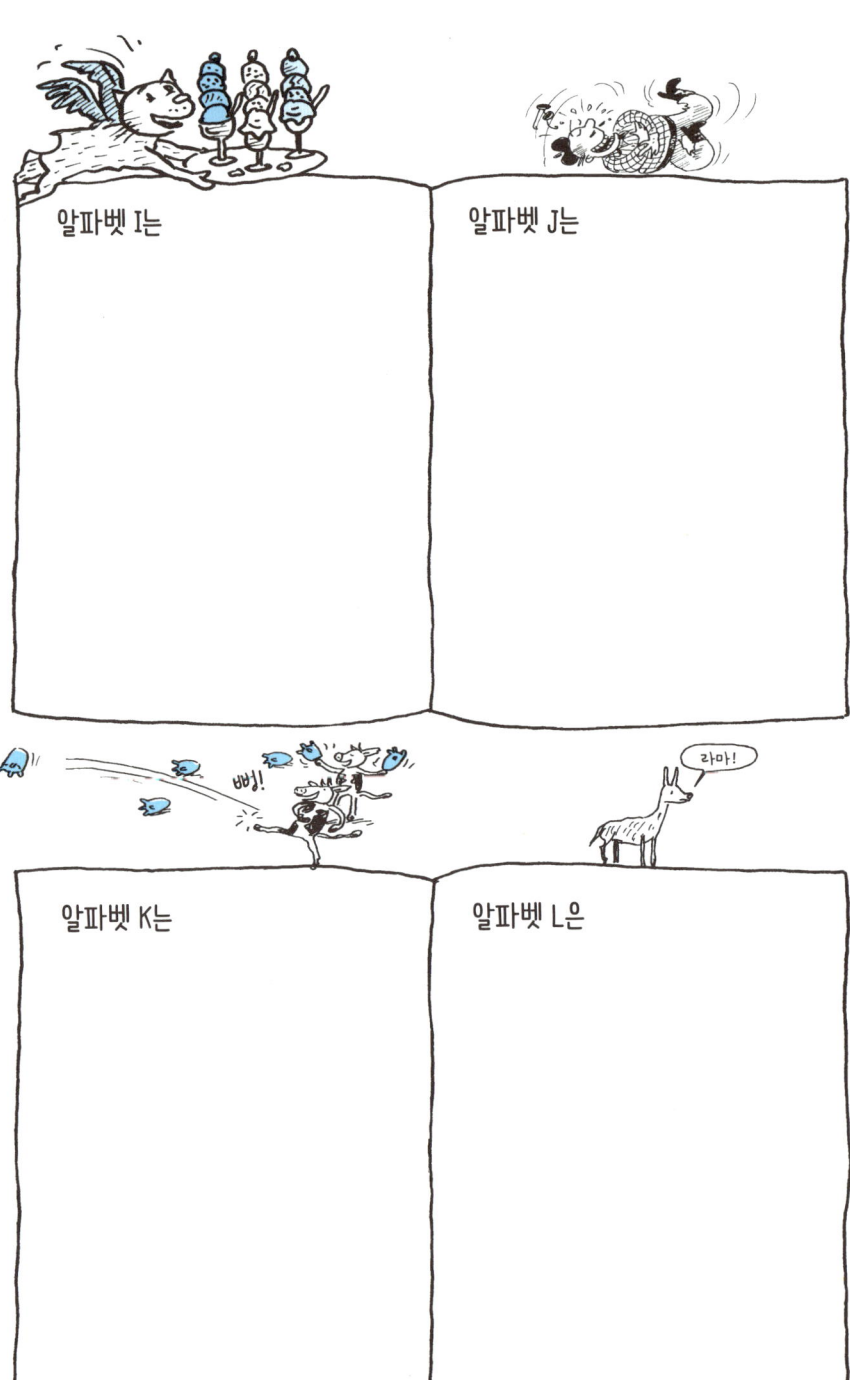

알파벳 I는

알파벳 J는

알파벳 K는

알파벳 L은

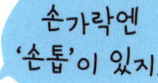

손가락엔 '손톱'이 있지.

알파벳 M은

알파벳 N은

알파벳 O는

알파벳 P는

비행기는 아니지만, 펭귄은 영단어라고!

알파벳 U는

알파벳 V는

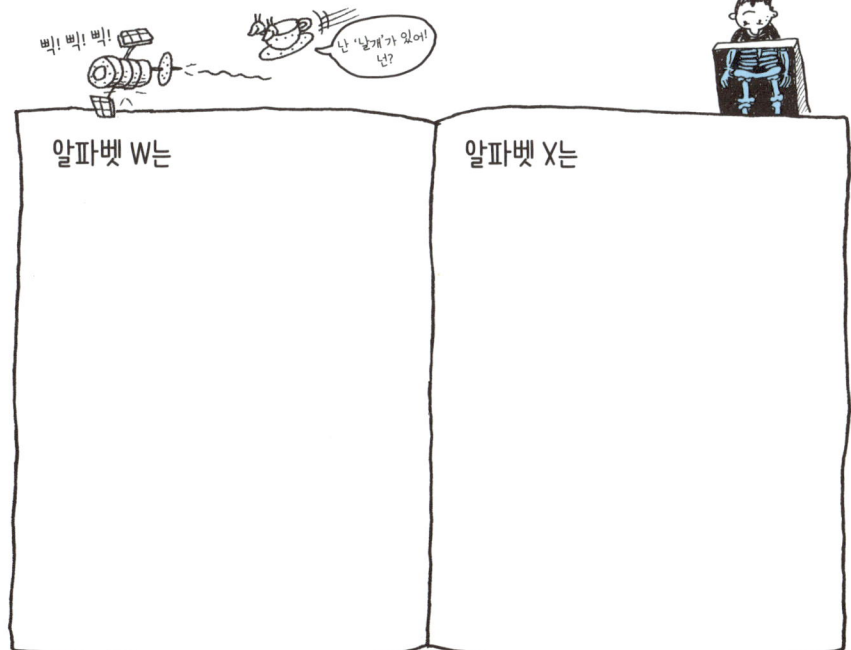

알파벳 W는

알파벳 X는

알파벳 Y는

알파벳 Z는

질의 집

《13층 나무 집》에서 단어 몇 개가 사라졌어.
아래 밑줄에 알맞은 단어를 써 줄래?

질은 숲 반대편에 있는 집에서 동물들과 함께 산다.

개 __ 마리, 염소 __ 마리, __ 세 마리,

__ __ __ 네 마리, 소 __ 마리, __ __ 여섯 마리,

__ __ 한 마리, __ __ __ __ 두 마리,

__ __ __ 한 마리, 그리고 고양이 __ 마리.

그림 퍼즐 맞히기! 1탄!

오른쪽 그림을 보고, 번호 순서대로 아래 칸에 단어를 적어 넣으면 돼. 그러면 파란 동그라미 안에 있는 글자들로 숨어 있는 문장을 알아맞힐 수 있어.

가로로 단어를 적으시오.

170쪽으로 가시오.

1	○	무				
2		○		도		
3			집	트		
4			탐	○		실
5		밑		○	거	나
6		나	나		○	기
7					왕	○

1
2
3
4
5
6
7

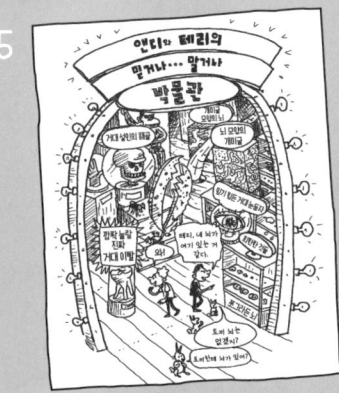

색칠 놀이

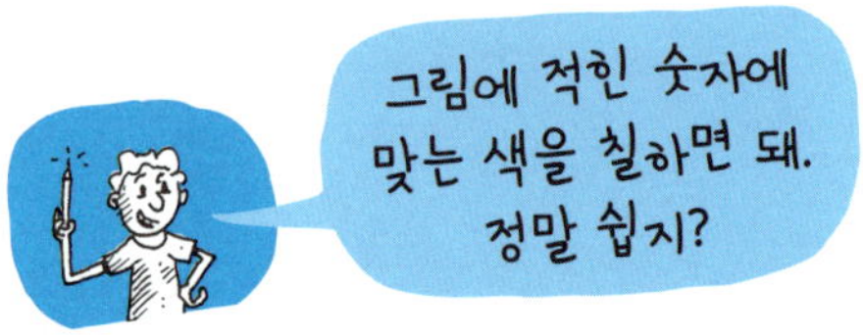

그림에 적힌 숫자에 맞는 색을 칠하면 돼. 정말 쉽지?

1. 초록
2. 빨강
3. 주황
4. 회색
5. 분홍
6. 노랑

눈, 코, 입을 그려요!

나는 물론이고 내 친구들 얼굴에 눈, 코, 입 좀 그려 줄래? 다들 답답할 거야.

테리 쟤는 입도 없는데 어떻게 말하는 거지?

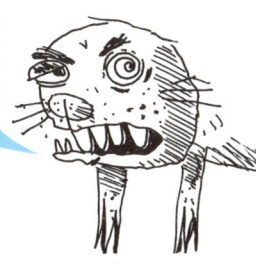

나한테 묻지 마. 난 귀가 없어서 아무 말도 안 들린다고.

숨겨진 문장을 찾아라! 2탄!

〈제시 단어〉들을 가로세로로 찾아봐. 남는 글자들로 '앤디'와 관련된 문장을 만들면 돼.

〈제시 단어〉

쓰레기통타임머신
쓰레기더미
트로피방
거대새총
줄타기곡예용줄
죽음의미로
레모네이드분수
모래늪
전기톱저글링방
거대거미줄
질
현명한부엉이

무지개
잠수함
덩굴그네
터보거북이
동굴인
테리
전기뱀콘
채소질색
기어의방
실키
낙서방
개미아파트

레	모	네	이	드	분	수	종	테	디
전	래	앤	콘	뱀	기	전	새	리	네
기	늪	개	미	아	파	트	대	랜	그
톱	색	지	줄	미	거	대	거	트	굴
저	질	무	용	죽	음	의	미	로	덩
글	소	드	예	와	키	인	더	피	터
링	채	놀	곡	질	실	굴	기	방	보
방	의	억	기	에	러	동	레	서	거
신	머	임	타	통	기	레	쓰	낙	북
함	수	잠	줄	현	명	한	부	엉	이

정답 _____

비상! 비상! 탈출하라!

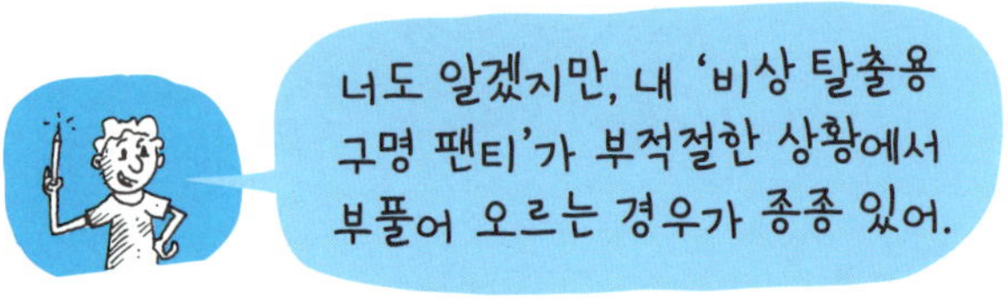

너도 알겠지만, 내 '비상 탈출용 구멍 팬티'가 부적절한 상황에서 부풀어 오르는 경우가 종종 있어.

세차장에서

비 오는 날에

샤워 중에

큰코 씨의 사무실에서

네가 내 비상 탈출용 구명 팬티를 입고 있다면, 이런 상황에서만큼은 절대 부풀지 않았으면 하는 때가 있어? 어떤 상황인지 그려서 보여 줄래?

숨겨진 문장을 찾아라! 3탄!

〈제시 단어〉들을 가로세로로 찾아봐. 남는 글자들로 '테리'와 관련된 문장을 만들면 돼.

〈제시 단어〉
서브머린샌드위치가게
슈퍼손가락
바다괴물축소기
젖소우드
펀치왕코끼리아저씨
슈퍼뿍뿍
풍선연주방
스파이젖소
알파벳
다알아여사
소용돌이월풀방
메두사터번
고르곤졸라
인간핀볼기계
자동판박이기계
춥파춥춥
감자칩도둑
큰코사우루스

리	락	펀	려	큰	코	사	우	루	스
게	가	치	위	드	샌	린	머	브	서
계	손	왕	테	우	둑	도	칩	자	감
기	퍼	코	기	소	축	물	괴	다	바
이	슈	끼	소	젖	이	파	스	알	는
박	퍼	리	말	줍	줍	파	줍	아	풍
판	뽁	아	메	두	사	터	번	여	선
동	뽁	저	라	졸	곤	르	고	사	연
자	못	씨	인	간	핀	볼	기	계	주
벳	파	알	소	용	돌	이	월	풀	방

정답

계속 트림을 해서 172쪽 정답까지 가야 해.

나무 집 암호 풀기

내가 하고 싶은 말을 숨겨 놨어. 암호를 풀어서 맞혀 볼래?

173쪽이 확실해?

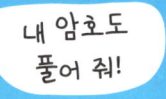

내 암호는 정말 쉬워. 실키도 금세 풀걸?

질! 나 정답을 알아! 175쪽이라고 쓴 거지?

아기도 할 말이 있다네.
암호를 알아맞혀 보라는데?

_ _ _ _ _ _ _

_ _ _ _ _ _ _

_ _ _ _ _ _ _

_ _ _ _ _ _ _

176쪽으로
가라는 뜻이지?

멋진 판박이를 해요!

말장난 시간

아래 말장난들을 맞혀 볼래? 오른쪽에 있는 정답 칸에 맞는 번호를 적으면 돼.

말장난

1. 어깨에 걸치고 다니는 빵은?
2. 진실만 말하는 새는?
3. 바다와 산 사이에 있는 것은?
4. 과일 중에서 가장 뜨거운 과일은?
5. 밤에 봐야 아름다운 꽃은?
6. 열심히 땅을 파면 나오는 것은?
7. 깨에 꿀을 바르면?
8. 아무리 배가 불러도 억지로 먹어야 하는 것은?
9. 많이 맞을수록 좋은 것은?
10. 곰이 다니는 목욕탕은?

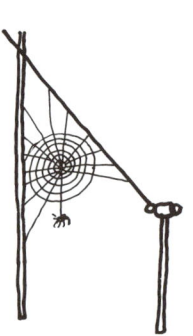

정답

- [ ] A. 멜빵
- [ ] B. 불꽃
- [ ] C. 깨달음
- [ ] D. 곰탕
- [ ] E. 참새
- [ ] F. 시험 문제
- [ ] G. 땀
- [ ] H. 와
- [ ] I. 나이
- [ ] J. 천도복숭아

1780쪽으로 가거라. 거기에 정답이 있으니. 하하! 농담이다! 178쪽으로 가거라!

하! 하! 하! 하!

나무 집 가로세로 낱말 퍼즐

《91층 나무 집》을 잘 읽었는지 확인해 볼까?

<가로>

1. 앤디와 테리가 마법의 옷장 속으로 기어 들어가서 도착한, 전혀 '나니아' 같지 않은 곳
3. 큰코 씨 부부가 앤디와 테리에게 손주들을 맡기고 보러 간 ＿＿＿＿
5. 앨버트, 앨리스, 그리고 테리가 램프의 요정에게 빈 소원
8. 앤디, 테리, 질, 큰코 씨의 세 손주가 고립된 섬
10. 요술 램프를 문지르면 나와서 세 가지 소원을 들어주는 ＿＿＿＿＿＿
11. 서브머린 샌드위치 가게에서 파는 샌드위치. 잠수함처럼 생긴 데다 잠수함으로도 쓸 수 있는 ＿＿＿＿ 샌드위치

<세로>

2. 뭐든지 보고 뭐든지 아는 점술가
4. 앤디와 테리가 어디에 쓰는 물건인지 몰라서 누를지 말지 고민하던 버튼
6. 빙글빙글 도는 것 중에서도 꽤 위험한, 'ㅌ(티읕)'으로 시작하는 말
7. 다알아 여사가 조그만 원탁에 앉아서 모든 걸 들여다보는 커다란 ＿＿＿＿
8. 커다란 빨간 버튼이 눌리면 콧구멍에서 튀어나오는 것
9. 테리가 모래 속에서 발견한 찻주전자처럼 생긴 물건

우우갸! 우우갸!
(해석: 정답은 179쪽에)

다알아 여사의 초성 퀴즈

다알아 여사는 우리가 하는 질문에 늘 아리송한 초성 퀴즈로 답을 해 줘. 초성만 보고 어떻게 맞히냐고. 뭐? 《9층 나무 집》을 보면 다 알 수 있다고?

난 항상 퀴즈를 낸다.
하지만 힌트를 준다.
이 꼭대기엔 정체불명의 낡은 옷장이 있다.
'ㅆㄹㄱㄷㅁ'다.

정답 _____

아기 공룡들을 쓰다듬고 싶다면,
'ㅇㄱㄱㄹㄷㅁㅇ'으로 가라.
단, 손가락을 물릴 수도 있으니 조심해라.

정답 _____

시원하고 달콤한 뭔가가 먹고 싶다면,
딱 좋은 것을 내가 알고 있지.
모를까 봐 힌트를 준다.
그럴 땐 'ㅇㅇㅅㅋㄹ'이 딱이다.

정답 _____

제트 엔진을 단 것처럼 하늘 높이 튀어 오르려면,
'ㅌㄹㅍㄹ' 위로 몸을 날려 방방 뛰면 돼.
(아! 안전그물이 없을지도 모른다!)

정답 _____

모두 똑같이 생긴 바보들로 가득 차 있지.
테리의 복제 인간들 때문에
정신이 하나도 없는 이곳은 'ㅌㄹㅌㅇ.'

정답 _____

우우갸갸!
(해석: 180쪽으로)

멍멍이 그리기 대회

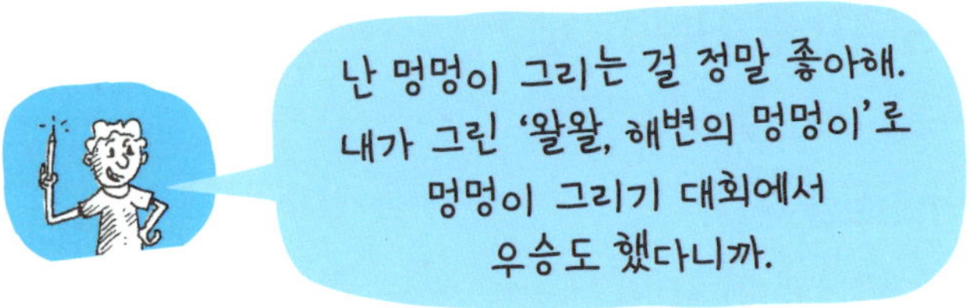

난 멍멍이 그리는 걸 정말 좋아해. 내가 그린 '왈왈, 해변의 멍멍이'로 멍멍이 그리기 대회에서 우승도 했다니까.

너도 멍멍이를 그려 볼래?
(나보다는 못 그리겠지만.)
아래 장소들 중에 하나를 골라서,
그곳에 있는 멍멍이를 그리면 돼.

영화관　　　공원　　　축구장　　　학교

나무 집 이야기

다음 이야기는 몇 층 나무 집에서 일어난 일일까? 밑줄에 알맞은 숫자를 적어 넣으면 돼. 스파이 젖소가 훔쳐볼지도 모르니까 조심해!

1. 테리와 난 《＿＿층 나무 집》에서 큰코 사장님 실종 사건을 해결했어.

2. 테리와 난 《＿＿층 나무 집》에서 슈퍼 손가락 이야기를 처음 쓰고 그렸지.

3. 해적들이 나무 집을 차지하려고 한 건 《＿＿층 나무 집》에서였어.

4. 테리와 난 《＿＿층 나무 집》에서 '점 잇기'로 로켓을 그려 달로 날아갔어.

5. 스파이 젖소들이 나무 집에 몰래 숨어든 건 《＿＿층 나무 집》에서 벌어진 일이야.

6. 테리와 난 《＿＿층 나무 집》에서 쓰레기통 타임머신을 타고 시간 여행을 했어.

7. 테리와 난 《＿＿층 나무 집》에서 큰코 사장님의 손주들을 돌보는 일을 맡았지.

짝 맞추기

아래 그림을 보면 완전히 똑같은 채소 질색이 딱 두 명 있어. 그 두 번호에 동그라미를 그려서 짝을 맞추면 돼.

1

2

3

4

5

6

잡히기 전에 181쪽으로 도망가자.

나무 집 색칠하기

아래 나무 집을 색칠해라옹.

그리고 나도옹.

난 노란색이다옹.

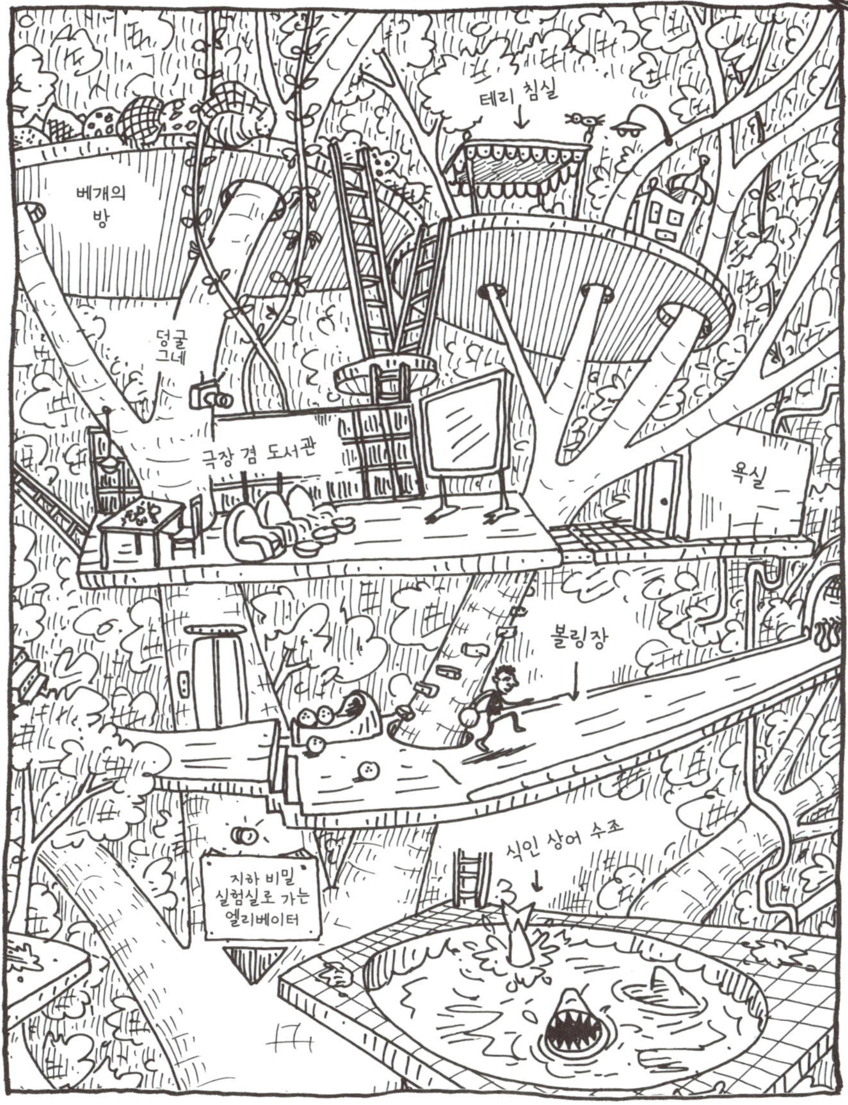

그림 퍼즐 맞히기! 2탄!

오른쪽 그림을 보고, 번호 순서대로 아래 칸에 단어를 적어 넣으면 돼. 그러면 파란 동그라미 안에 있는 글자들로 내가 하고 싶은 말을 알아맞힐 수 있어.

가로로 단어를 적으시오.

182쪽으로 가시오.

1	○	르				
2		○	니			
3			○리			
4				○	파	
5					○	력
6					의	○
7							○함

104

즐거운 우리 나무 집

오른쪽에 있는 A~D의 집에는 누가 살고 있을까? 1~4의 그림을 보면 바로 알 수 있을 거야.

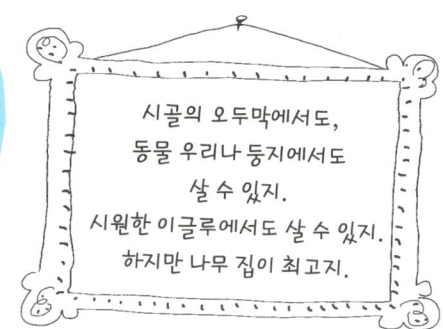

시골의 오두막에서도, 동물 우리나 둥지에서도 살 수 있지. 시원한 이글루에서도 살 수 있지. 하지만 나무 집이 최고지.

1

2

3

4

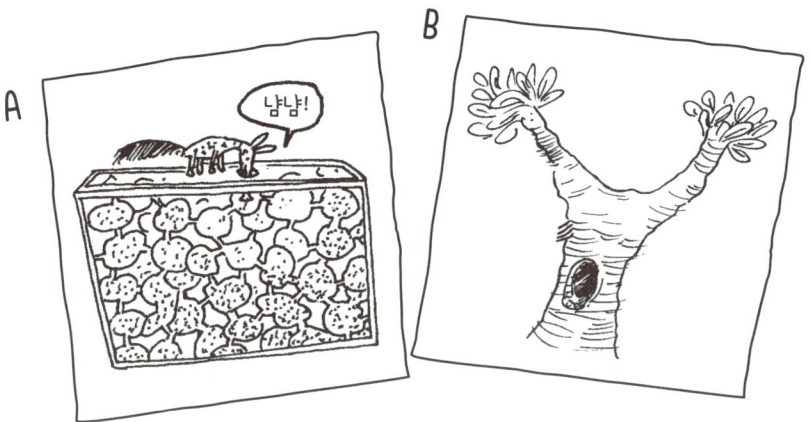

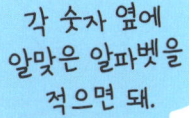

각 숫자 옆에 알맞은 알파벳을 적으면 돼.

정답이 있는 우리 집은 183쪽에 있어. 같이 갈래?

아이스크림 맛 알아맞히기

무슨 맛 아이스크림인지를 표시해 둔 글자들이 제멋대로 섞여 버려서 에드워드 막퍼줘가 곤란하게 됐어. 네가 다시 제대로 적어 줄래?

맛콜초릿

퍼맛자

_____

라닐맛바

기딸맛

_____

그도맛핫

맛파게스티

드이네모레맛

맛맛도나는
안무아

날다는아니 숭원이?!

놀금란어맛붕

원달숭개이맛
날린

갈길자맛

굽길맛은

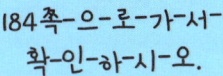

미친 듯이 팔을 펄럭대는 풍선 인형 축제

 《위층 나무 집》에서 우리는 미친 듯이 팔을 펄럭대는 풍선 인형 축제에 참가해 미친 듯이 팔을 펄럭대는 풍선 인형처럼 팔을 흔들어 댔어. 무인도에 갇혀 버렸으니까.

 이제 와 하는 말이지만, 미친 듯이 팔을 펄럭대는 풍선 인형 축제는 아마도 아래와 같은 모습일 거야. 미친 듯이 팔을 펄럭대는 풍선 인형들을 색칠해 보고, 무슨 말을 하는지 빈 말풍선에 적어 볼래? 모르긴 몰라도 엄청 재밌을걸?

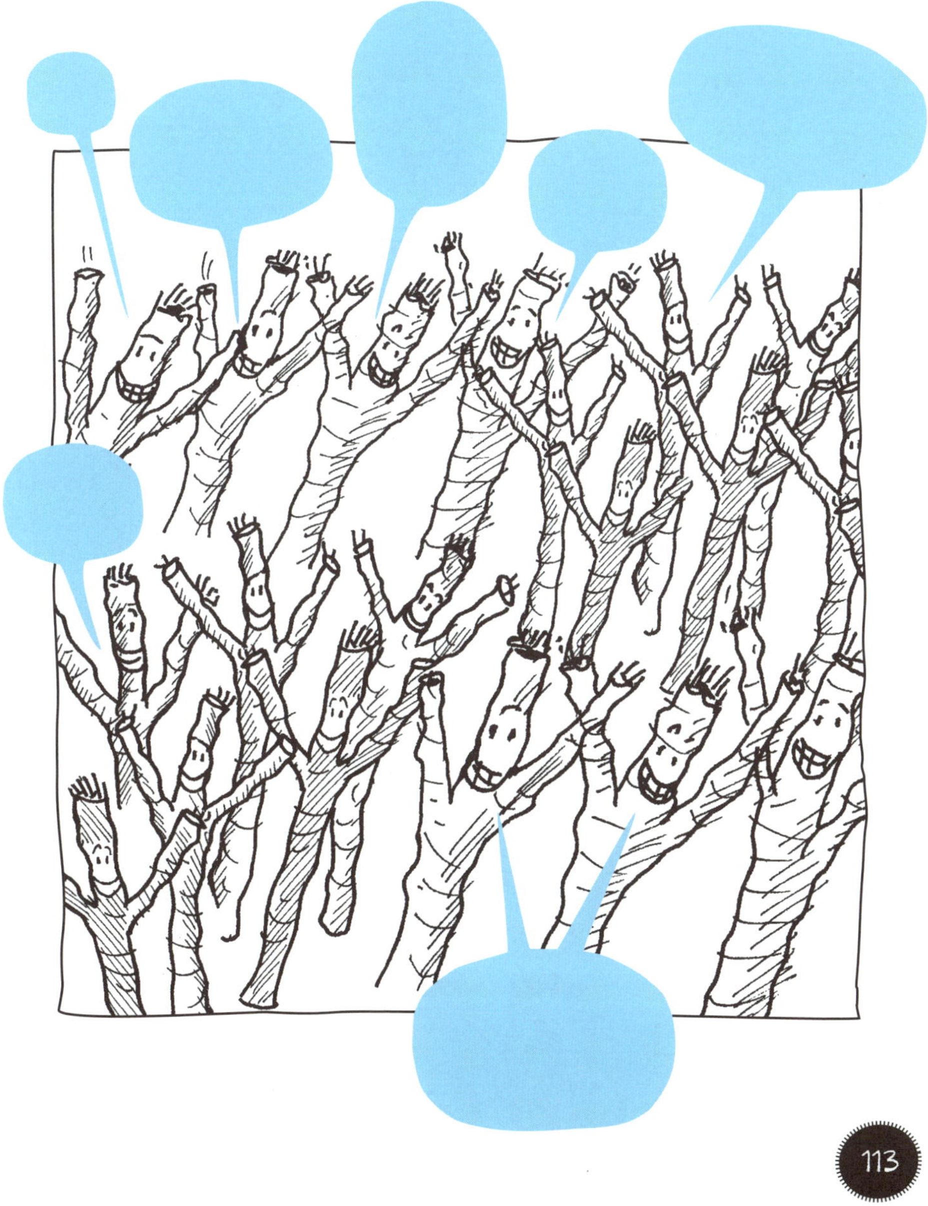

앤디와 테리를 찾아라!
(초급자용)

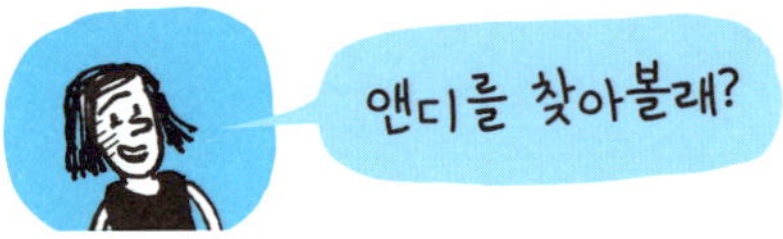

앤디와 테리를 찾아라!
(중급자용)

 아래 그림에서 이렇게 생긴 앤디를 찾아볼래?
그리고 이렇게 생긴 테리도 찾아 줘!

앤디와 테리를 찾아라!
(고급자용)

이번에도 앤디와 테리 좀 찾아 줄래?

숫자 세기 놀이

《나무 집 숫자 세기》 책에 문제가 좀 생겼어. 숫자가 전부 떨어져 나갔지 뭐야. 네가 문제의 정확한 답을 숫자로 다시 써 넣어 줄래?

젖소는 몇 마리일까?

편지는 몇 장일까?

앤디는 몇 명일까?

말은 몇 마리일까?

펭귄은 몇 마리일까?

금붕어는 몇 마리일까?

고양이는 몇 마리일까?

거미는 몇 마리일까?

뱀은 몇 마리일까?

닌자 달팽이는 몇 마리일까?

방울 양배추는 몇 개일까?

기니피그는 몇 마리일까?

토끼는 몇 마리일까?

숫자 세기 책을 만들어요!

너도 숫자 세기 책을 만들어 보면 어때?
숫자는 내가 적어 놨으니까, 넌 그 수만큼
그림을 그리면 돼. 너한테 특별한 것들을 그려도 좋고,
나무 집에 있는 것들을 그려도 좋아.

4

5

6

테리, 숫자들을 순서대로 잘 적은 거 맞아? 당최 알 수가 있어야지.

놀라운데!

↑
놀라움을 금치 못하는 새

11

12

13

누구게?

 아래 설명이 누구에 관한 건지 알겠어?

1. 아이스크림을 막 퍼주는 로봇이야. 누구게?

_____

2. 나무 집에 우편물을 배달해 주는 사람이야. 누구게?

_____

3. 없애 버리기 전문가야. 누구게?

_____

4. 채소들과 맞서 싸우는 전사이자 복수주의자야. 누구게?

_____

5. 영화 <나무 집>의 감독이었어. 할리우드에서도 유명해. 누구게?

_____

6. <나무 집>을 쓰는 사람이야. 누구게?

_____

7. <나무 집>을 그리는 사람이야. 누구게?

_____

8. 뭐든지 보고 뭐든지 아는 사람이야. 누구게?

_____

9. 앤디와 테리의 책을 내주는 출판사 사장이야. 누구게?

_____

앤디랜드 색칠하기

세상에서 가장 앤디다운 '앤디랜드'에 온 걸 환영해. 네가 예쁘게 색칠해 주면 좋겠다.

개미 아파트 색칠하기

아기를 찾아라!

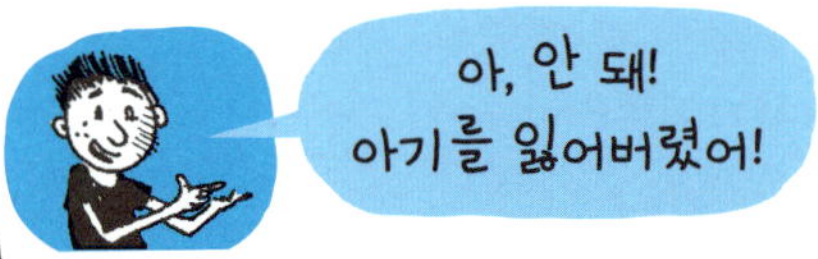

 아, 안 돼! 아기를 잃어버렸어!

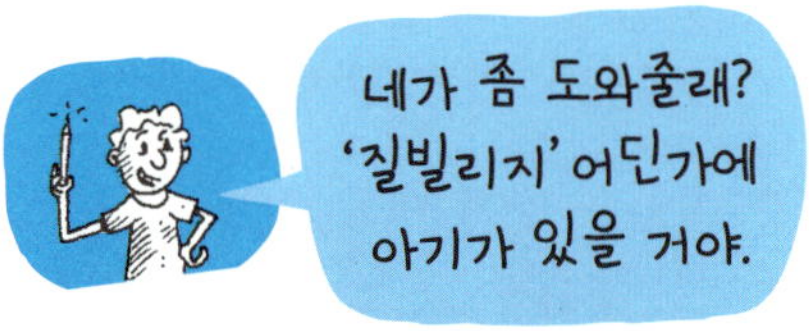

 네가 좀 도와줄래? '질빌리지' 어딘가에 아기가 있을 거야.

그림 퍼즐 맞히기! 3탄!

오른쪽 그림을 보고, 번호 순서대로 아래 칸에 단어를 적어 넣으면 돼. 그러면 파란 동그라미 안에 있는 글자들로 내가 하고 싶은 말을 알아맞힐 수 있어.

가로로 단어를 적으시오.

190쪽으로 가시오.

1	○	퍼				
2	범	○				
3			손			
4	인			○	씨	
5			숟	○	연	
6				물	○	어
7			램			○

1

2

3

4

5

6

7

돌림판을 돌려요!

이건 멋진 상품을 받을 수 있는 돌림판이야. 난 돌림판을 돌려서 '눈 찌르기'랑 '엉덩이 걷어차기'에 걸렸어. 정말 운이 좋았지!

만약 네가 돌림판을 만든다면, 어떤 상품들을 넣고 싶어?

여기에 당근도 꼭 넣어 줘.

나무 집 객관식 퀴즈

1), 2), 3), 4) 중 정답인 칸에 ☑ 표시를 하면 돼.

1. 큰코 씨는 앤디와 테리가 아이들을 잘 돌볼 수 있다고 생각한다. 그 이유로 맞는 것은?

   ☐ 1) 앤디와 테리가 아기처럼 행동해서

   ☐ 2) 앤디와 테리가 아기처럼 보여서

   ☐ 3) 앤디와 테리가 원숭이 집에서 일한 적이 있어서

   ☐ 4) 앤디와 테리가 아기처럼 잠을 자서

2. 앤디랜드는 어떤 곳일까?

   ☐ 1) 세상에서 가장 바보 같은 곳이다.

   ☐ 2) 세상에서 가장 말도 안 되는 곳이다.

   ☐ 3) 세상에서 가장 앤디다운 곳이다.

   ☐ 4) 세상에서 가장 비가 많이 오는 곳이다.

3. 멍청씨 교수의 설명으로 알맞은 것은?

   1) 테리가 붙인 앤디의 별명

   2) 없애 버리기 전문가

   3) 래퍼

   4) 역사 담당 교수

4. 테리가 제일 좋아하는 TV 프로그램은?

   1) 파리의 윙윙 쇼

   2) 달팽이의 느릿느릿 쇼

   3) 고양이의 야옹야옹 쇼

   4) 멍멍이의 왈왈 쇼

1) 191쪽 2) 191쪽
3) 191쪽 4) 191쪽

모자 주인을 찾아라!

흐음! 아래 등장인물들은 어딘가 이상해 보여. 엉뚱한 모자를 쓰고 있어서 그런가 봐.

감자 왕자

주름투성이 토마토

뽁뽁이 감독관

탐정 앤디

각각의 등장인물들이 어떤 모자를 써야 맞는지 모자 주인을 찾아서 네가 제대로 그려 줄래?

감자 왕자의 왕관   주름투성이 토마토의
                                    정장 모자

뽁뽁이 감독관의 안전모   탐정 앤디의 중절모자

제대로 그렸는지 확인하고 싶다면, 192쪽으로 가면 돼.

돋보기 놀이

난 여러 가지 다양한 것들을 돋보기로 보는 걸 정말 좋아해. 진짜 끝내주거든. 애벌레도, 앤디도…….

 넌 돋보기로 어떤 걸 크게 보고 싶어? 아래에 그려 보자.

정확한 단어를 골라요!

 가만 보면, 단어가 헷갈릴 때가 꽤 많은 것 같아. 그렇지 않아? 아래 설명에 맞는 정확한 단어를 찾아 ☑ 표시를 해 보자.

 난 다알아 여사의 '초성 퀴즈'가 제일 어려워!

1. 이건 빙글빙글 돌고, 나무들을 쓰러뜨리고 집들을 뽑아 버리고 사람들을 빨아들이는 거야.

   ☐ 토마토   ☐ 토네이도

2. 얘들은 나무 집에 몰래 숨어들어서 영화 <나무 집> 장면을 훔쳐갔어.

   ☐ 젖소   ☐ 스파이 젖소

3. 이건 계속해서 뱅글뱅글 돌고, 정말 위험한 거야.

   ☐ 소용돌이   ☐ 소금쟁이

4. 이번엔 초성 퀴즈야. 'ㅆㄹㄱㄷㅁ'는 어떤 단어일까?

   ☐ 쓰레기두목   ☐ 쓰레기더미

5. 나무 집에만 있는 '자판기'는 무엇을 줄인 말일까?

☐ 자동 판박이 기계   ☐ 자동판매기

6. 또 초성 퀴즈야. 'ㅇㄷㄷㅂㄱ'는 어떤 단어일까?

☐ 이동독방귀   ☐ 애들돌보기

7. 모든 웅덩이들이 벌벌 떠는 두 주인공의 이름은?

☐ 철벅이와 쭉쭉이   ☐ 칠푼이와 쪽쪽이

8. 건강한 코와 몸의 비율을 철저히 위반한 공룡은?

☐ 궁둥이사우루스   ☐ 큰코사우루스

9. 세상에서 가장 앤디다운 곳은?

☐ 치즈랜드   ☐ 앤디랜드

마법의 옷장 속으로

《외층 나무 집》에서 앤디랑 나는 또 다른 세상으로 통하는 마법의 옷장 속에 들어갔어. 깜깜한 어둠의 세계를 지나 '안나니아'에 도착했지.

만약에 네가 마법의 옷장 속으로 들어가 또 다른 세상에 도착한다면, 그곳은 어떤 모습일까? 한번 그려 볼래?

병 월드!

거꾸로 세상!

다리 달린 자동차 왕국!

'반말' 나라! 반말은 하지 말고.

섞어 단어 만들기

두 개의 다른 단어를 섞어서 만든, 새로운 '섞어 단어'들이 참 많은 것 같아. 여기, 그 몇 가지 예시가 있어.

숟가락 + 포크 = 포크숟가락

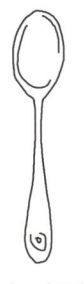      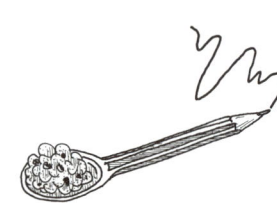

숟가락 + 연필 = 숟가락연필

숟가락연필은 내가 발명했다고!

전기뱀장어 + 유니콘 = 전기뱀콘!
빠지직! 빠지직!

치마 + 바지 = 치마바지

아침 + 점심 = 아점

북부댁! 북북!

닭 + 거북이 = 닭북이

이것들도 다 내가 발명했다니까!

아래에 있는 A그룹과 B그룹의 단어를 섞어서 세 개의 '섞어 단어'를 만들어 봐. 그림도 꼭 그리고. 내가 하나 해 봤는데, 넌 나보다 훨씬 잘할 수 있을 거야.

아니. 넌 그냥 '개구리하마'야. 근데 난 뭐지?

그럼 난, 섞어 동물이야?

A그룹

게
악어
애벌레
뱀
발
코
자동차
빵
신발
요정

+

B그룹

토끼
트램펄린
손가락
유니콘
아기
공룡
하마
연필
크레파스
로봇

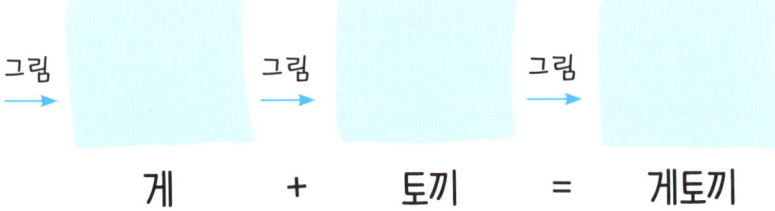

그림 → [ ]   그림 → [ ]   그림 → [ ]

게   +   토끼   =   게토끼

나도 섞어 동물이야. 고양이+카나리아= 고나리아!

이키! 그럼 넌 새를 먹어? 아님 씨앗?

A그룹　　　　B그룹　　　　섞어 단어

□ + □ = □

□ + □ = □

□ + □ = □

나는 누구일까? (14~15쪽)

멍청씨 교수

뽕뽕이 감독관

다알아 여사

원승희 배우

왕대박 감독

우체부 빌 아저씨

밑줄 채우기! 1탄! (16~17쪽)

몇 층 나무 집에 있을까?
밑줄에는 뭐가 들어갈까?
물고기 세 마리의 집이야.
바로 식인 상어 수조.

뱅글뱅글 돌다가
넋이 나가고 싶지 않다면,
회전목마에서
멀리 떨어지는 게 좋을 거야.

이곳의 담당자는
늘 엉뚱한 짓만 해.
게다가 그의 복제 인간들 때문에
테리타운은 정신이 하나도 없지.

죽음을 무릅쓰고서라도 들어가겠다고?
비상구도 없고,
그 누구도 밖으로 나오지 못한 이곳은
죽음의 미로.

다른 사람 찾기! 1탄! (18쪽)

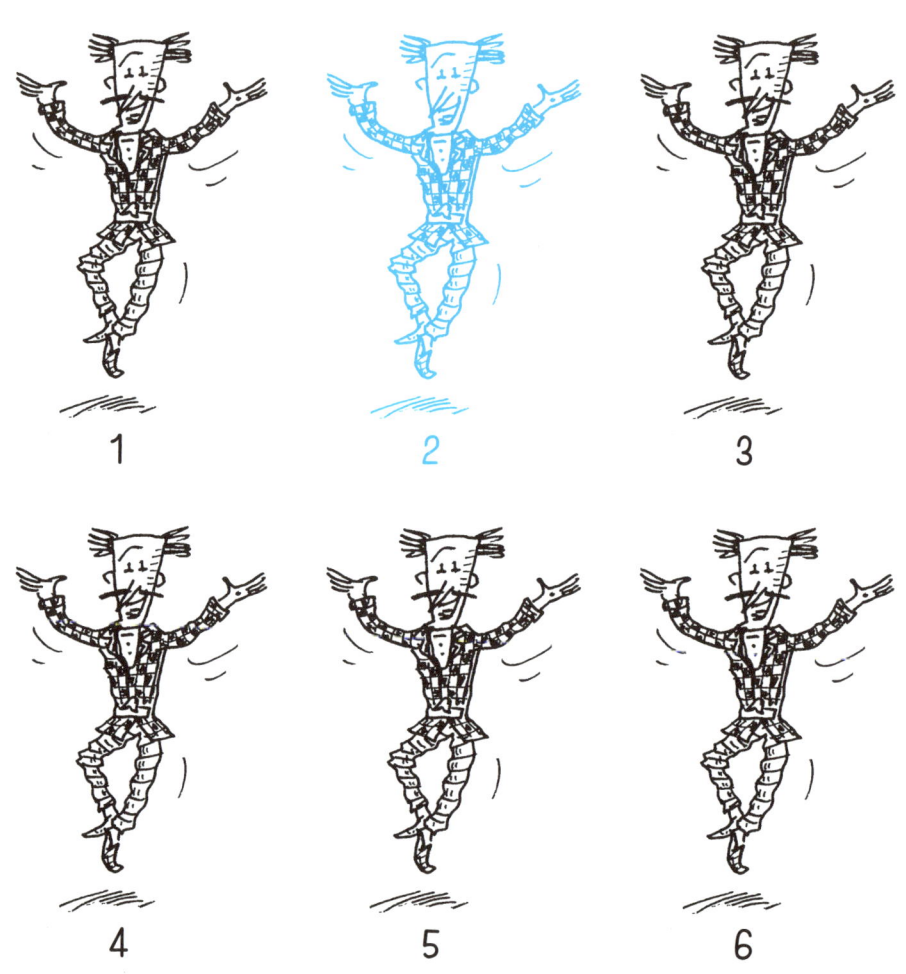

정답: 2
(멍청씨 교수의 얼굴에 수염이 없다.)

나무 집 퀴즈! 참과 거짓 (19쪽)

참 거짓

☐ ☑ 1. 앤디는 실키를 노랗게 칠해 '고나리아'로 만들었다.
　　　거짓: 테리가 그랬다.

☐ ☑ 2. 나무머리 선장은 고무 머리다.
　　　거짓: 나무머리 선장은 나무 머리다.

☑ ☐ 3. 테리는 정말 끝내주는 그림 작가다.

☐ ☑ 4. 앤디 역시 정말 끝내주는 그림 작가다.
　　　거짓: 절대 아니다. (기분 나빠 하지 마, 앤디.)

☐ ☑ 5. 멍청씨 교수는 발명가다.
　　　거짓: 멍청씨 교수는 없애 버리기 전문가다.

☑ ☐ 6. 테리는 마법 콩에 알레르기가 있다.

☐ ☑ 7. 원승희는 원숭이다.
　　　거짓: 원승희는 그냥 원숭이가 아니라, '배우' 원숭이다.
　　　원숭이라고 부르면 엄청 싫어한다.

☐ ☑ 8. 앤디는 수학을 잘한다.
　　　거짓: 절대 그렇지 않다.

☑ ☐ 9. 테리와 앤디의 나무 집에는 무인도가 있다.

☑ ☐ 10. 출판사 사장 큰코 씨는 오페라를 좋아한다.

☑ ☐ 11. 채소 질색은 채소와 맞서 싸우는 복수주의자다.

☐ ☑ 12. 질은 외계인들을 가르치는 조기 교육 센터를 운영하고 있다.
　　　거짓: 질은 '동물' 조기 교육 센터를 운영하고 있다.

☑ ☐ 13. 테리는 숟가락연필을 발명했다.

노래 가사를 만들어요! (20~21쪽)

장미는 빨강.
제비꽃은 보라.
단서가 필요해?
돋보기가 필요해.

장미는 빨강.
제비꽃은 보라.
아기 공룡 돌봐?
아기 공룡 동물원 가 봐.

장미는 빨강.
제비꽃은 보라.
새로운 헤어스타일을 원한다면,
질의 애완동물 미용실로 오라.

장미는 빨강.
제비꽃은 보라.
점들을 쭉 이어 보자.
1 다음은 2.

앤디가 수학을 못하는 이유를 알 만하다.

가로 그림 퍼즐 (22~23쪽)

	1	2	3	4
	앤	디	랜	드
	감	자	왕	자
	고	나	리	아
	거	대	거	미

앤디랜드: 앤디, 비디오폰, 치즈랜드, 젖소우드

감자왕자: 감자칩, 닌자달팽이, 펀치왕코끼리아저씨, 감자왕자

고나리아: 고르곤졸라, 바나나확대기, 질빌리지, 뜨거운아이스크림

거대거미: 거대고릴라, 막대사탕, 터보거북이, 죽음의미로

나무 집 숫자 퀴즈 (24~26쪽)

1. 13(층)
2. 3(마리)
3. 3(명)
4. 10(명)
5. 3(마리)
6. 78(가지)
7. 1(개)
8. 100(년) 그리고 15(분)
9. 13(마리, 실키 포함)
10. 78(개)
11. 1(대)
12. 0(명)
13. 10(10, 9, 8, 7, 6, 5, 4, 3, 2, 1. 로켓 발사!)

비록 앤디가 엉망진창으로 카운트다운을 했지만.

숨겨진 문장을 찾아라! 1탄! (32~33쪽)

는	키	멍	멍	이	의	왈	왈	쇼	램
질	사	실	청	아	요	술	램	프	개
인	어	아	가	씨	라	알	의	지	뭐
드	우	소	젖	페	교	요	무	아	든
방	서	낙	오	구	정	수	다	인	덫
장	옷	와	녀	마	와	자	사	쥐	도
탕	여	안	알	지	방	이	레	스	엑
사	나	나	바	대	거	피	리	테	다
대	디	니	죽	음	의	미	로	사	경
막	앤	아	이	스	스	케	이	트	장

정답: 다알아 여사는 뭐든지 다 알아

나도 다 알아!

쉭쉭! 나는 모를 줄 알고?

밑줄 채우기! 2탄! (34~35쪽)

1. <u>서브머린</u> 샌드위치 가게
2. <u>커다란 빨간</u> 버튼
3. 뭘 찾게 될지 모르는 쓰레기 <u>더미</u>
4. 작고 귀여운 얼굴이 있는 <u>전화기</u>
5. 우체부 <u>빌</u> 아저씨
6. 다알아 여사가 들여다보는 <u>수정구</u>
7. 모든 나무에 붙인 <u>경고</u> 포스터
8. 점술가 <u>다알아 여사</u>
9. 세상에서 가장 강력한 <u>소용돌이</u> 월풀 방
10. 비상 탈출용 구멍 <u>팬티</u>
11. 앨리스, 앨버트, 그리고 <u>아기</u>
12. 출판사 사장 <u>큰코</u> 씨

단어 설명 맞히기 (36~37쪽)

코끼리 아저씨: <u>펀치왕</u>

채소 질색: <u>복수를 위해 채소를 먹는 사람</u>

파라오: <u>고대 이집트의 왕</u>

자서전: <u>자기 인생 이야기를 자기가 직접 쓴 책</u>

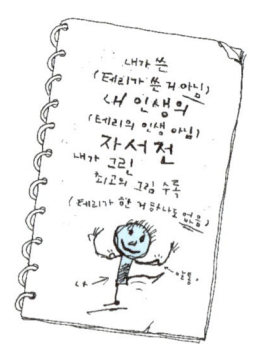

나무 집 스도쿠 (38~39쪽)

저기에 앤디 대신 내가 들어갔어야 해. 그럼 정말 완벽했을 텐데.

실감 나는 효과음 스도쿠 (40쪽)

테리 그림 스도쿠 (41쪽)

오페라 가사 완성하기 (46~47쪽)

가	여	코	란	오	커	란	그	다
지	나	여	다	나	의	다	가	러
이	수	가	커	의	룩	커	지	고
더	네	까	히	지	수	록	또	또
만	다	이	다	날	갈	만	진	커
고	뻥	펑	가	가	면	발	다	네
하	발	면	가	만	러	그	네	그
고	폭	펑	뻥	가	다	폭	가	다

그림자 맞히기 (48~49쪽)

다른 사람 찾기! 2탄! (56쪽)

정답: 5
(뽁뽁이 감독관이 안전모를 쓰지 않았다. 이키! 너무 위험하잖아!)

다른 사람 찾기! 3탄! (57쪽)

정답: 4
(감자 왕자인데 왕관이 없다. 그렇다면 왕자가 아니라, 울퉁불퉁한 감자일 뿐이다.)

알파벳을 공부해요! 1탄! (58~64쪽)

알파벳 A는 Andy
알파벳 B는 Birthday
알파벳 C는 Cheeseland
알파벳 D는 Dinosaur
알파벳 E는 Egg
알파벳 F는 Frog
알파벳 G는 Gorilla
알파벳 H는 Hand
알파벳 I는 Ice
알파벳 J는 Jill
알파벳 K는 Knife
알파벳 L은 Light
알파벳 M은 Megaphone
알파벳 N은 Nose
알파벳 O는 Owl
알파벳 P는 Prince Potato
알파벳 Q는 Question
알파벳 R은 Rabbit
알파벳 S는 Superfinger
알파벳 T는 Terry
알파벳 U는 Underpants
알파벳 V는 Vegetable
알파벳 W는 Waterfall
알파벳 X는 X-ray
알파벳 Y는 Yellow
알파벳 Z는 Zombi

질의 집 (73쪽)

질은 숲 반대편에 있는 집에서 동물들과 함께 산다.
개 두 마리, 염소 한 마리, 말 세 마리,
금붕어 네 마리, 소 한 마리, 토끼 여섯 마리,
낙타 한 마리, 기니피그 두 마리,
당나귀 한 마리, 그리고 고양이 한 마리.

그림 퍼즐 맞히기! 1탄! (74~75쪽)

1	나	무	머	리	선	장	
2		무	인	도			
3		이	집	트	코	브	라
4			탐	정	사	무	실
5		믿	거	나	말	거	나
6		바	나	나	확	대	기
7					왕	대	박

정답: 나무 집 정말 대박

숨겨진 문장을 찾아라! 2탄! (78~79쪽)

레	모	네	이	드	분	수	종	테	디
전	래	앤	콘	뱀	기	전	새	리	네
기	늪	개	미	아	파	트	대	랜	그
톱	색	지	줄	미	거	대	거	트	굴
저	질	무	용	죽	음	의	미	로	덩
글	소	드	예	와	키	인	더	피	터
링	채	놀	곡	질	실	굴	기	방	보
방	의	억	기	에	러	동	레	서	거
신	머	임	타	통	기	레	쓰	낙	북
함	수	잠	줄	현	명	한	부	엉	이

정답: 앤디랜드에 놀러와

숨겨진 문장을 찾아라! 3탄! (82~83쪽)

리	락	펀	려	큰	코	사	우	루	스
게	가	치	위	드	샌	린	머	브	서
계	손	왕	테	우	둑	도	칩	자	감
기	퍼	코	기	소	축	물	괴	다	바
이	슈	끼	소	젓	이	파	스	알	는
박	퍼	리	말	좁	좁	파	좁	아	풍
판	뽁	아	메	두	사	터	번	여	선
동	뽁	저	라	졸	곤	르	고	사	연
자	못	씨	인	간	핀	볼	기	계	주
벳	파	알	소	용	돌	이	윌	풀	방

정답: 테리는 못 말려

나무 집 암호 풀기 (85쪽)
앤디의 암호

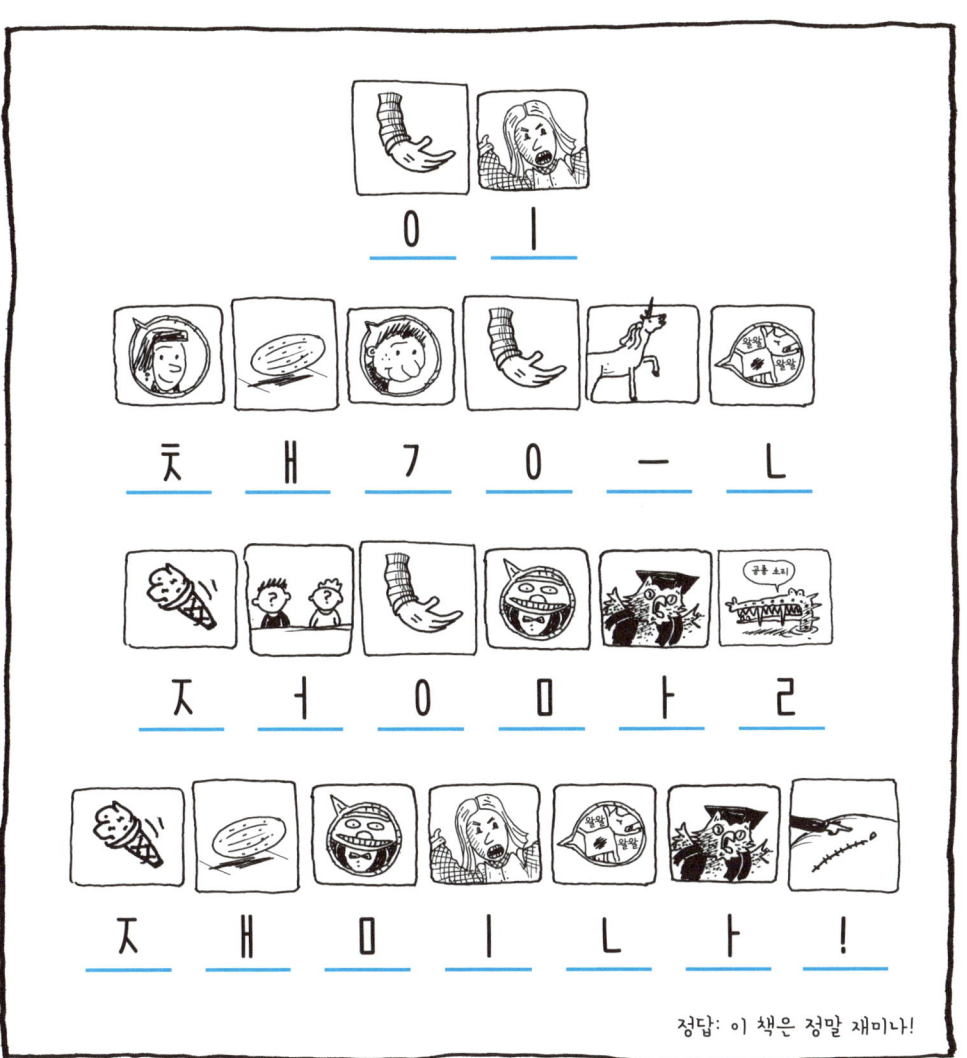

나무 집 암호 풀기 (86쪽)
테리의 암호

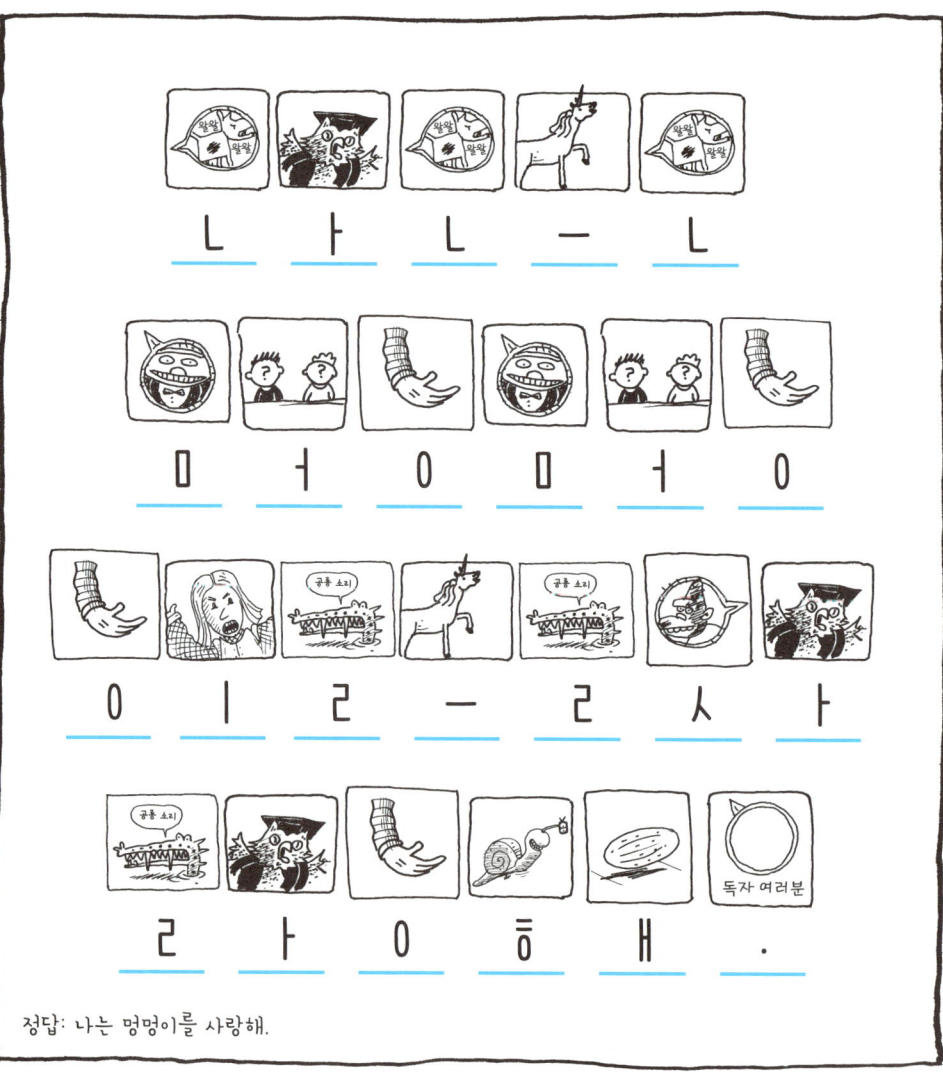

나무 집 암호 풀기 (87쪽)
질의 암호

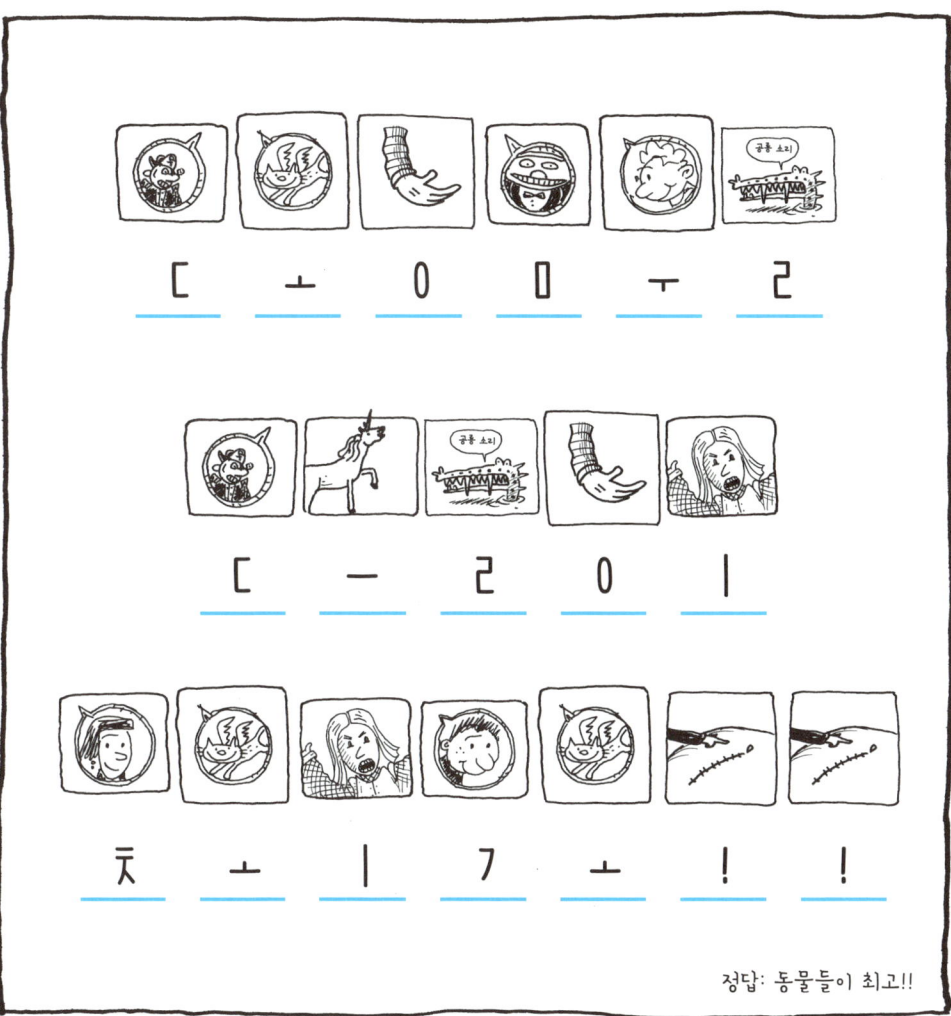

정답: 동물들이 최고!!

나무 집 암호 풀기 (88쪽)
아기의 암호

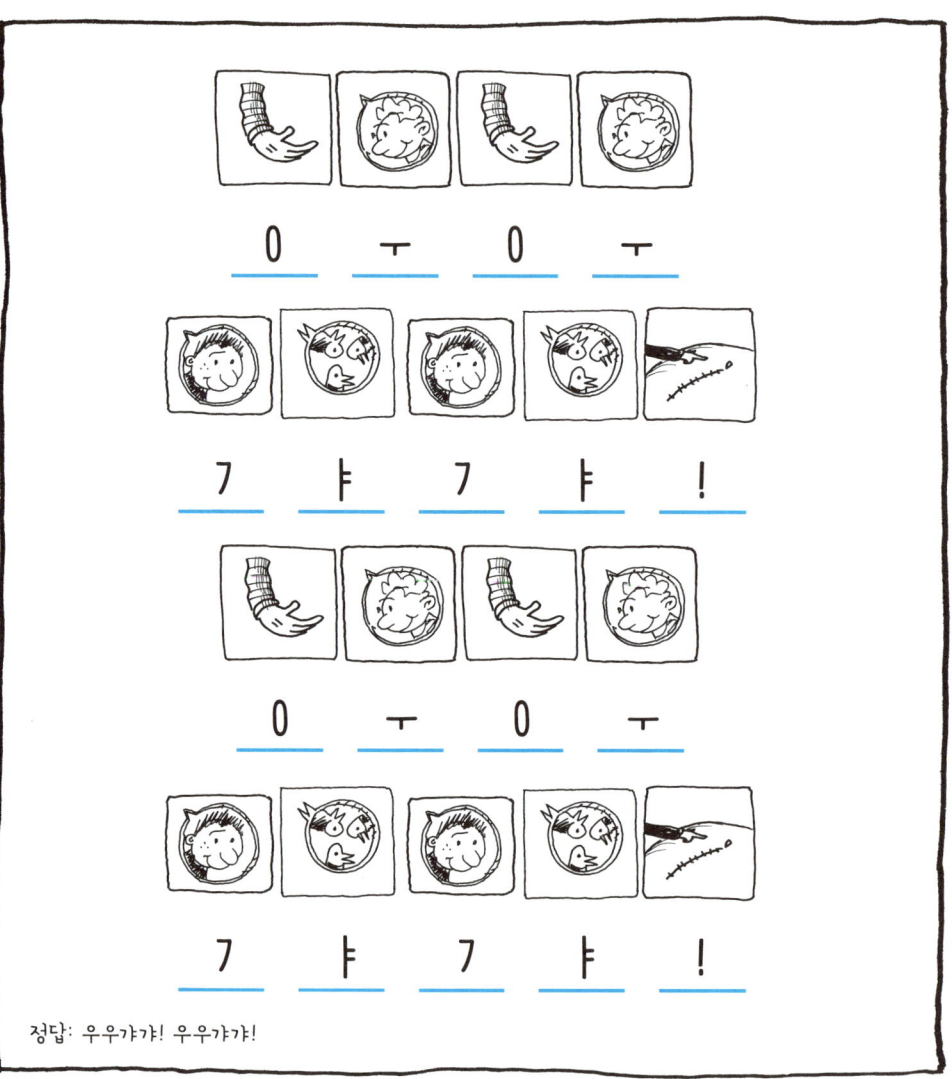

정답: 우우갸갸! 우우갸갸!

나무 집 암호 풀기 (89쪽)
다알아 여사의 암호

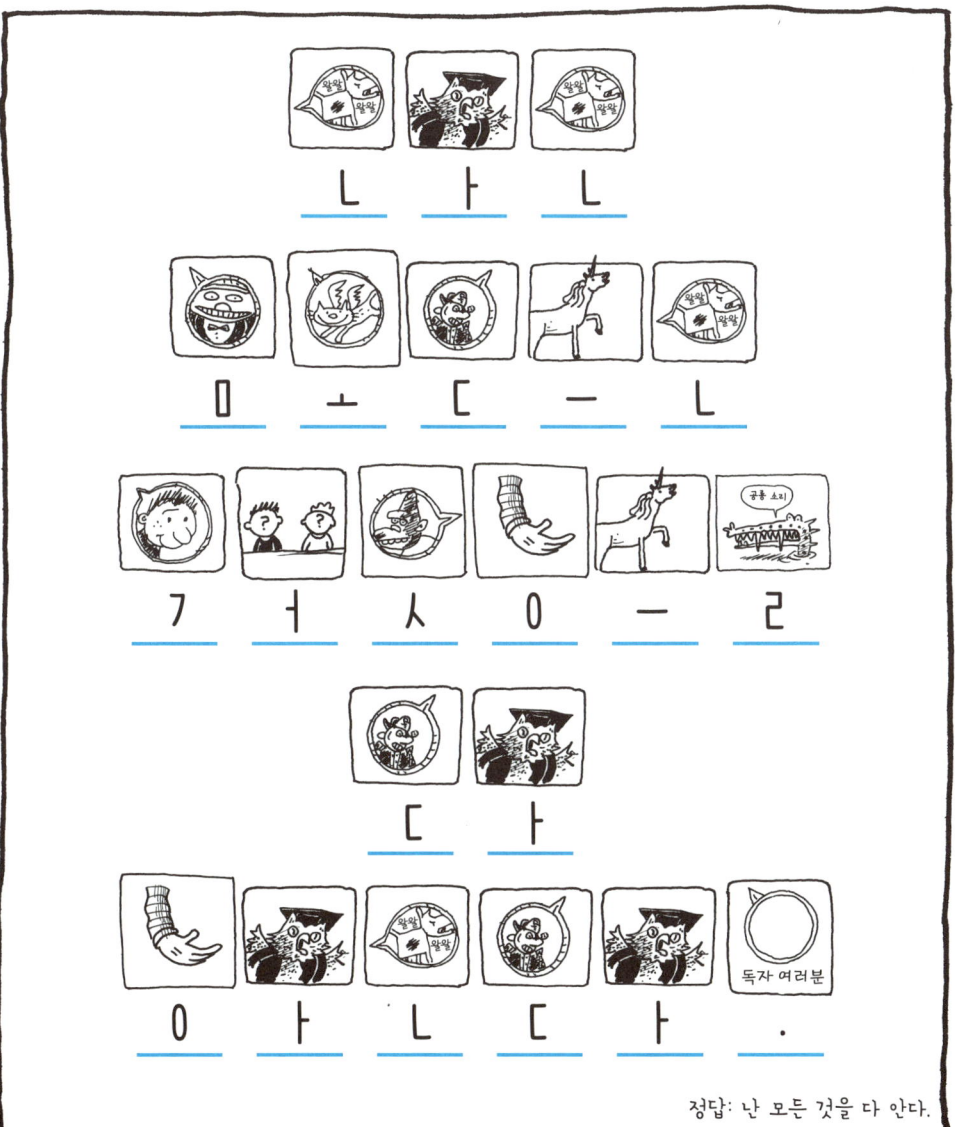

말장난 시간 (92~93쪽)

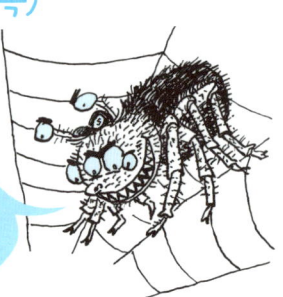

'어른이라 알겠다'의 반대말은?
'에(애)라 모르겠다'다. 하하!

1. 어깨에 걸치고 다니는 빵은?   A. 멜빵

2. 진실만 말하는 새는?   E. 참새

3. 바다와 산 사이에 있는 것은?   H. 와

4. 과일 중에서 가장 뜨거운 과일은?   J. 천도복숭아

5. 밤에 봐야 아름다운 꽃은?   B. 불꽃

6. 열심히 땅을 파면 나오는 것은?   G. 땀

7. 깨에 꿀을 바르면?   C. 깨달음

8. 아무리 배가 불러도 억지로 먹어야 하는 것은?   I. 나이

9. 많이 맞을수록 좋은 것은?   F. 시험 문제

10. 곰이 다니는 목욕탕은?   D. 곰탕

나무 집 가로세로 낱말 퍼즐 (94~95쪽)

		²다		³오	페	라		⁴커
		알						다
¹안	나	니	아			⁶토		란
			여			네		빨
	⁵막	대	사	탕		이		간
⁷수				⁸무	인	도		버
정		⁹요		지				튼
구		술		개				
		램				¹¹잠	수	함
		¹⁰램	프	의	요	정		

다알아 여사의 초성 퀴즈 (96~97쪽)

ㅆㄹㄱㄷㅁ = 쓰레기더미

ㅇㄱㄱㄹㄷㅁㅇ = 아기공룡동물원

ㅇㅇㅅㅋㄹ = 아이스크림

ㅌㄹㅍㄹ = 트램펄린

ㅌㄹㅌㅇ = 테리타운

나무 집 이야기 (100~101쪽)

1. 테리와 난 《52층 나무 집》에서 큰코 사장님 실종 사건을 해결했어.

2. 테리와 난 《13층 나무 집》에서 슈퍼 손가락 이야기를 처음 쓰고 그렸지.

3. 해적들이 나무 집을 차지하려고 한 건 《26층 나무 집》에서였어.

4. 테리와 난 《39층 나무 집》에서 '점 잇기'로 로켓을 그려 달로 날아갔어.

5. 스파이 젖소들이 나무 집에 몰래 숨어든 건 《78층 나무 집》에서 벌어진 일이야.

6. 테리와 난 《65층 나무 집》에서 쓰레기통 타임머신을 타고 시간 여행을 했어.

7. 테리와 난 《91층 나무 집》에서 큰코 사장님의 손주들을 돌보는 일을 맡았지.

짝 맞추기 (102쪽)

정답: 1과 6
(1과 6이 완전히 똑같은 짝이다.)

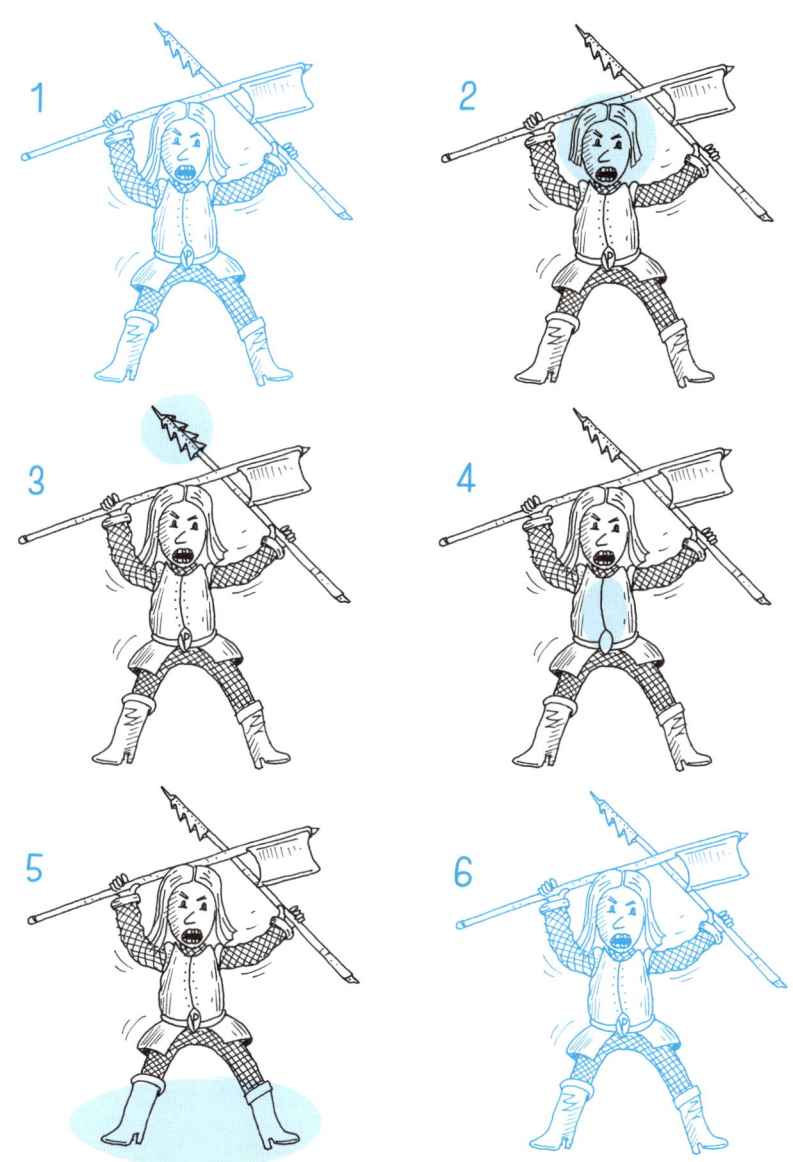

그림 퍼즐 맞히기! 2탄! (104~105쪽)

1	고	르	곤	졸	라
2	안	나	니	아	
3	개	구	리	하	마
4		개	미	아	파	트
5				반	중	력	방
6			램	프	의	요	정
7					잠	수	함

정답: 고나리아 중요함
(당연하지. 말해 뭐 해! 앤디나 테리보다 중요하다고.)

즐거운 우리 나무 집 (106~107쪽)

아이스크림 맛 알아맞히기 (108~109쪽)

 초콜릿 맛
 피자 맛
 바닐라 맛
 딸기 맛

 핫도그 맛
 스파게티 맛
 레모네이드 맛
 아무 맛도 안 나는 맛

아이스크림 맛 알아맞히기 (110~111쪽)

 놀란 금붕어 맛
 날개 달린 원숭이 맛
 자갈길 맛
 굽은 길 맛

 더러운 길 맛
 뱀 모양 젤리 맛
 뱀과 사다리 맛
 포켓몬 맛

앤디와 테리를 찾아라! (초급자용)

(114쪽)

(115쪽)

앤디와 테리를 찾아라! (중급자용) (116~117쪽)

앤디와 테리를 찾아라! (고급자용) (118~119쪽)

정답: 앤디와 테리는 여기 없다. 그새 그림 밖으로 나가 버렸다.
(앤디와 테리는 아이스크림을 사러 갔다.)

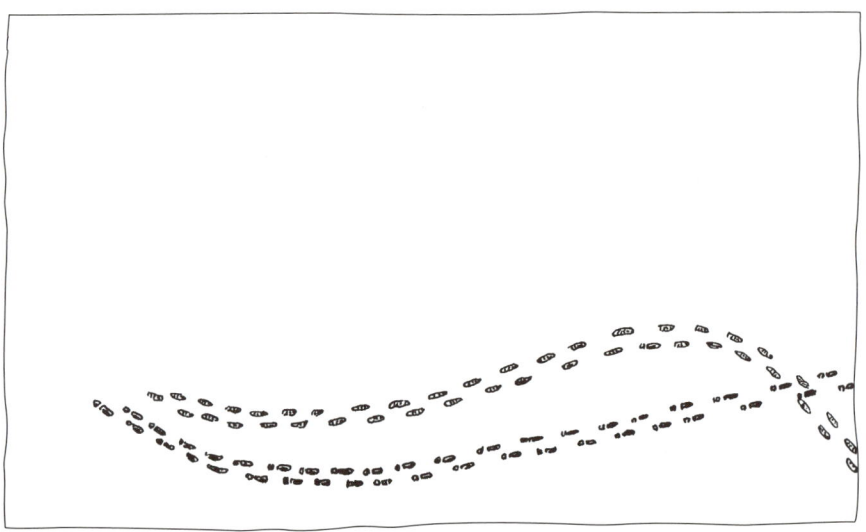

숫자 세기 놀이 (120~123쪽)

젖소 한 마리

기니피그 두 마리 말 세 마리  금붕어 네 마리 거미 다섯 마리

편지 여섯 장 펭귄 일곱 마리  뱀 여덟 마리 닌자 달팽이 아홉 마리

앤디 열 명 방울 양배추 열한 개  고양이 열두 마리 토끼 열세 마리

누구게? (128~129쪽)

1. 아이스크림을 막 퍼주는 로봇이야. 누구게?
   에드워드 막퍼줘

2. 나무 집에 우편물을 배달해 주는 사람이야. 누구게?
   우체부 빌 아저씨

3. 없애 버리기 전문가야. 누구게?
   멍청씨 교수

4. 채소들과 맞서 싸우는 전사이자 복수주의자야. 누구게?
   채소 질색

5. 영화 <나무 집>의 감독이었어. 할리우드에서도 유명해. 누구게?
   왕대박 감독

6. <나무 집>을 쓰는 사람이야. 누구게?
   앤디

7. <나무 집>을 그리는 사람이야. 누구게?
   테리

8. 뭐든지 보고 뭐든지 아는 사람이야. 누구게?
   다알아 여사

9. 앤디와 테리의 책을 내주는 출판사 사장이야. 누구게?
   큰코 씨

아기를 찾아라! (132~133쪽)

그림 퍼즐 맞히기! 3탄! (134~135쪽)

1	슈	퍼	뽀	뽁			
2	범	퍼	카	경	기	장	
3	슈	퍼	손	가	락		
4	인	어	아	가	씨		
5			숟	가	락	연	필
6				괴	물	인	어
7				램	프	의	요	정

정답: 슈퍼 손가락 인정
 (내가 키우는 동물들도 정말 멋지지만, 슈퍼 손가락도 인정!)

나무 집 객관식 퀴즈 (138~139쪽)

1. 큰코 씨는 앤디와 테리가 아이들을 잘 돌볼 수 있다고 생각한다. 그 이유로 맞는 것은?

   ☑ 3) 앤디와 테리가 원숭이 집에서 일한 적이 있어서

2. 앤디랜드는 어떤 곳일까?

   ☑ 3) 세상에서 가장 앤디다운 곳이다.

3. 멍청씨 교수의 설명으로 알맞은 것은?

   ☑ 2) 없애 버리기 전문가

4. 테리가 제일 좋아하는 TV 프로그램은?

   ☑ 4) 멍멍이의 왈왈 쇼

테리와 내가 원숭이 집에서 일하던 시절의 모습

모자 주인을 찾아라! (140~141쪽)

감자 왕자는
왕관을 쓴다.

주름투성이 토마토는
정장 모자를 쓴다.

뿍뿍이 감독관은
안전모를 쓴다.

탐정 앤디는
중절모자를 쓴다.

정확한 단어를 골라요! (144~145쪽)

1. 이건 빙글빙글 돌고, 나무들을 쓰러뜨리고 집들을 뽑아 버리고 사람들을 빨아들이는 거야.
   - ☐ 토마토
   - ✓ 토네이도

2. 얘들은 나무 집에 몰래 숨어들어서 영화 <나무 집> 장면을 훔쳐갔어.
   - ☐ 젖소
   - ✓ 스파이 젖소

3. 이건 계속해서 뱅글뱅글 돌고, 정말 위험한 거야.
   - ✓ 소용돌이
   - ☐ 소금쟁이

4. 이번엔 초성 퀴즈야. 'ㅆㄹㄱㄷㅁ'는 어떤 단어일까?
   - ☐ 쓰레기두목
   - ✓ 쓰레기더미

5. 나무 집에만 있는 '자판기'는 무엇을 줄인 말일까?
   - ✓ 자동 판박이 기계
   - ☐ 자동판매기

6. 또 초성 퀴즈야. 'ㅇㄷㄷㅂㄱ'는 어떤 단어일까?
   - ☐ 이동독방귀
   - ✓ 애들돌보기

7. 모든 웅덩이들이 벌벌 떠는 두 주인공의 이름은?
   - ✓ 철벅이와 쭉쭉이
   - ☐ 칠푼이와 쪽쪽이

8. 건강한 코와 몸의 비율을 철저히 위반한 공룡은?
   - ☐ 궁둥이사우루스
   - ✓ 큰코사우루스

9. 세상에서 가장 앤디다운 곳은?
   - ☐ 치즈랜드
   - ✓ 앤디랜드

지은이 앤디 그리피스
'뉴욕타임스 베스트셀러' 작가이자, 호주에서 가장 유명한 어린이책 작가 중 한 명이다. 거칠지만 신나는 모험 이야기가 가장 자신 있다는 작가는, 호주 베스트셀러 목록에 늘 1위를 차지할 만큼 다양한 연령대의 독자들에게 열렬한 지지를 받고 있다. 그의 작품은 공연과 TV 프로그램으로 각색되기도 했다. 〈나무 집〉 시리즈는 우리나라에 소개되는 작가의 첫 작품이다.
홈페이지 www.andygriffiths.com.au

그린이 테리 덴톤
호주에서 아주 인기가 많은 작가이자 일러스트레이터이다. 유쾌하고 별나지만, 때로는 따뜻한 그림으로 전 세계 어린이들의 사랑을 받고 있다. 다수의 어린이책에 그림을 그리고 글도 썼다. 쓰고 그린 책으로 《Brain Up:머리가 좋아지는 매직 드로잉》, 《물개 선장, 집으로 가다》, 《It's True! 비행기》들이 있고, 그린 책으로 《엄마가 되어 줄게》, 《중국의 시작》들이 있다.

옮긴이 장혜란
오랫동안 출판사에서 아동청소년책 편집자로 일하고 있다. 《13층 나무 집》을 시작으로 〈나무 집〉 시리즈를 편집하고 있다.
시공주니어 홈페이지 www.sigongjunior.com
시공주니어 카페 http://cafe.naver.com/sigongjunior